U0606827

班主任必备丛书
BANZHURENBIBEI
CONGSHU

以小见大 话说教育
——小学班主任成功案例集萃

赵明 龚秀芬 主编

吉林文史出版社

图书在版编目（CIP）数据

以小见大 话说教育：小学班主任成功案例集萃 / 赵明，龚秀芬编著. ——长春：吉林文史出版社，2012. 12（2021.6重印）
（班主任必备丛书）
ISBN 978 - 7 - 5472 - 1336 - 0

Ⅰ. ①以… Ⅱ. ①赵… ②龚… Ⅲ. ①小学 - 班主任工作 - 案例 Ⅳ. ①G625.1

中国版本图书馆 CIP 数据核字（2012）第 297204 号

班主任必备丛书

以小见大　话说教育：
小学班主任成功案例集萃

YIXIAOJIANDA HUASHUOJIAOYU XIAOXUEBANZHURENCHENGGONGANLIJICUI

编著/赵　明　龚秀芬
责任编辑/高冰若
封面设计/小徐书装
出版发行/吉林文史出版社
地址/长春市福祉大路5788号
邮编/130118
网址/www.jlws.com.cn
印刷/三河市燕春印务有限公司
开本/710mm×1000mm　1/16
印张/14　字数/150 千字
版次/2013 年 5 月第 1 版　2021 年 6 月第 3 次印刷
书号/ISBN 978 - 7 - 5472 - 1336 - 0
定价/39.80 元

《教师继续教育用书》丛书编委会成员

主　任：

张　旺　徐　潜

副主任：

张胜利　张　克　周海英

编　委：（按姓氏笔画排序）

于　欢　于　涉　孙中华　刘春雷

李井慧　沈　健　孙道荣　陈学峰

陆栎充　赵慧君　高冰若　康迈伦

目 录

以小见大 话说教育

第五辑

第六辑

以小见大 话说教育

第七辑

第一辑

直树枝

韩 萍

【导语】

　　爱因斯坦在与儿子埃德瓦的谈话中说："当一只甲虫在一弯曲的树枝上爬行时，它并没有觉察到这根树枝是弯曲的。"爱因斯坦在这里想表达的的确只是相对论的理论，不过，这个形象的比喻用在我们对现实的写照上，可能也会同样合适。

　　学生在学校里不仅要掌握科学文化知识，形成各种基本技能，还需要具备良好的道德品质。大凡人才均应"德才兼备"。德在才先，这已是千百年积淀在人们心中的评价准则。而道德的形成是一个有规律性的过程。我们正应该遵循这一规律，让儿童在其未成年期形成良好的道德习惯，让儿童在用他们幼稚的双眼捕捉是非对错的时候，及时地给他们正确的影响与指导；在儿童没有形成自己的判断能力，急需观察学习的时候，给他们一根"直树枝"，让他们在我们的指导和支持下更直接地获得

小学班主任成功案例集萃

正确的感知体验。让"性本善"的"人之初"正直、善良、友好、纯朴。

【案例现场】

王小帅是个淘气的孩子，经常闯祸，并"屡教屡犯"。和家长沟通，家长对孩子的缺点有正确认识，但也对老师很难为情地说出了自己的想法："小帅是顺毛驴，爱听好话，老师您费心了。"

赵一琪是个邋遢的女孩。书本、文具、废纸、小绳经常满地都是。值日生意见很大，因为每次打扫卫生都得帮赵一琪收拾。换座位了，她的书桌里还有吃剩好几天的果皮。经过和家长沟通，老师了解到：在家里，这些事都是家长来做的。家长也说："她什么也不会做。"

【案例分析】

小学阶段，尤其是1-3年级的道德培养的重心应该是"养成好习惯"。而"养成好习惯"最直接有效的方法，就是直接告诉儿童什么是应该做的、什么是不应该做的。这是因为，10岁以前的儿童，具体形象的感性知识占主导，他们所拥有的一般只是简单、直观的道德概念。因此，我们应依据儿童的年龄特点及时地告诉孩子哪些行为应受到肯定和发扬，哪种行为应该改正和摈弃。这就是下面要谈到的表扬与批评。

现今很多时尚的教育理论提倡赏识和鼓励的教育作用。对此，我们也应持一个客观的态度。我们应该清醒地认识到，对于一个成长期懵懵懂懂的儿童，热情的鼓励和冷静的批评是同等重要的。小学语文课本中有这样一篇文章，题目叫做《"精彩极了"和"糟糕透了"》，内容很是让人回味。文章大意是这样的：七八岁的巴迪写了第一首诗。母亲的评价是"精彩极了"并"不住地赞扬"。巴迪迫不及待地等待着父亲的评价。没想到得到的却是父亲淡淡地评价："这首诗歌糟糕透了！"几年后，当巴迪再拿出那首诗时，不得不承认父亲是对的。那的确是一首糟糕的小诗。不过由于母亲的一如既往的鼓励，他一直坚持写作。十二岁时，他又一次将一篇作品拿给父亲，父亲说："写得不怎么样，但还不是毫无希望。"成为作家的巴迪越来越体会到他当初是多么的幸运。文章的结尾这样写道："一个作家应该说生活中的每一个人，都需要来自母亲的力量，这种鼓励的爱是灵感和创造的源泉。但是仅仅有这个是不全面的，它可能会把人引入歧途。所以还需要警告的力量来衡量，需要有人时常提醒你：'小心，注意，总结，提高。''精彩极了'和'糟糕透了'像两股风不断地向我吹来。我谨慎地把握住生活中的小船，使它不被哪一股风刮倒。我从心里知道，'精彩极了'也好，'糟糕透了'也好，这两个极端的断言有一个共同的出发点——那就是爱。在爱的鼓舞下，我努力地向前驶去。"

从这个故事中我们或许能看出表扬与批评在孩子成长中的作用，这二者缺一不可。

表扬和批评从心理学角度讲都是一种强化的过程。它可以是固定标准的、有计划的，也可以是随机的。为了达到循序渐进的教育效果，这里主要谈谈前者。至于表扬和批评的内容，我们也应该根据儿童发展的阶段性特点，有计划地及时明示给孩子，以避免出现教育者的要求和孩子的理解产生错位，或不明所指的情况，让儿童明确并接受其在这一阶段的行动方向和努力的内容，而不会因教育者层出不穷的新想法而弄得措手不及、招架不住。在这一点上学校和家庭的标准应该是一致的，而不是相互矛盾、相互抵消。只有这样才能使学生形成稳定的是非善恶标准。

【解决策略】

如果孩子已经出现了一些不良的行为习惯，想要去校正，或者教育者想使孩子形成某一方面的行为品德时，我们可以将表扬和批评进行累积，引导孩子健康成长，并达到我们的教育目的。有一种很好的方法——代币法。

"代币"是一种间接的强化物，它不能马上满足儿童的要求，而是一种延迟满足，有助于培养儿童更持久的行为。代币实际上是一种可以在某一范围内兑换为物品、愿望、要求的证券。可以是小红旗、小红花、小红星、计分等许多形式。教育者可以用代币作为奖励来强化孩子的期望。当然，孩子可以用获得的代币来换取自己喜欢的事物。

在操作时请家长先确定用做代币的项目（如上文提到的小红旗、小红花、小红星、计分等）。然后选择支持代币的强化物，即可以用代币换取什么（强化物可以是：食物类、玩具类、学习用品类、活动类、休闲类等）。最后和孩子共同建立代币规则。这时我们就可以将我们对孩子的行为引导倾向注入其中，但这同时也应该是孩子通过努力就能做到的，规则制订过高会使孩子很快对此产生厌倦。

我国心理学者曾经成功地用代币法对一个小学生的作业潦草行为进行矫正。这个小学生写的字东倒西歪，字的大小不一，笔顺不规范，作业和测验经常因此被扣分。另外，这个小学生的生活习惯也随便，如书本褶皱，文具凌乱。对他进行多次规劝和告诫都不管用。但是，有一次，老师发现，当他知道认真做作业后可以获得一本自己爱看的书时，他下工夫仔细做作业，字迹比平常清楚了许多。研究者决定用代币法对他进行纠正。

研究者给这个小学生提出的要求是，每天仔细、认真地做作业，认真书写，字迹端正清楚，成绩有进步，同时生活习惯要有所改进。选用的代币是硬纸做成的小圆纸片，上面写有1、2、5、10等面值。

订立的行为分值标准是：1. 对照字帖练100字，笔顺正确（8分）；2. 数学家庭作业字迹清楚，没有扣分（3分）；3. 语文家庭作业老师评定为优（5分）；老师评定为优良（2分），老师评定为良（1分）；4. 作文、周记每篇

500字以上，字迹工整15分（6分）；300字以下，字迹工整（3分）；5. 整理书包（2分）；6. 整理床铺（1分）；7. 清扫垃圾（2分）；8. 讲卫生，饭前便后洗手（2分）；9. 吃饭不拖延时间，不掉饭菜（2分）；10. 用脏手抓东西吃（扣5分）；作业得优良以下（扣5分）。

研究人员和这个小学生商定的代币换取的强化物是：1. 吃爱吃的水果（7分）；2. 星期天去奶奶家吃饭（7分）；3. 吃爱吃的食物（7分）；4. 看电视动画片15分钟（7分）；5. 选爱看的一本书（40分）；6. 星期天上公园玩（40分）；7. 星期天学骑两小时自行车（40分）；8. 整个晚上和朋友在一起（50分）；9. 买一套新的运动服（500分）；10. 和爸爸一起去露营或长途旅行（1000分）。

训练一直持续了9个星期。从第十周开始起，研究者撤去了代币，他发现学生的语文成绩提高了，做作业的时间也少了，作业潦草行为大有改观，其他行为如卫生习惯、生活作息也有明显进步。

【总结与反思】

记得有一位家长曾这样讲到："孩子，你就是妈妈心中的一棵小树，有时，妈妈只能忍痛为你修枝剪叶，这是为了能让你健康成长。"这句话颇有道理，不过，如果我们能够引导这棵小树去笔直地奔向蓝天和阳光的话，那么它一定能慢慢地学会自己去舍弃多余的枝杈，将整枝修叶作为自己的本能。而道德教育的目标正是如此：一步步地促进儿童的道德发展，使儿童做出越来越成熟的道德判断和推理，形成一种更完整、更高级的思维方式。用他们更高级的推理能力去认识、处理所遇到的各种道德问题。

还记得那只小甲虫吗？如果它首先认识了"笔直"，那么它一定会识别"弯曲"。道德品质的培养是一个相对漫长的过程，让我们从表扬和批评开始，给孩子一根直的树枝。

感同身受后的改变

王妍妍

【导语】

当今社会赏识教育早已淹没了孩子们客观的表现，社会赏识，家长赏识，老师也赏识。但是我们却往往忽视了一点，具有艺术的批评教育仍是帮助孩子健康成长的催化剂，如何批评学生，怎样才能够令学生虚心接受呢？面对学生离开班主任的视线就判若两人的事例更是比比皆是。如何改变这种状态，让孩子从根本上意识到是非观念，真假善恶呢？只有我们都站出来，不论是不是班主任，是不是老师，都勇敢地站出来，成为真正的教育者，扶正我们已经看到的小小缺失，才会让孩子健康成长！我这样思考着，也这样尝试实践着。

【案例现场】

2009年我班发生了这样一件事：班级坐班车的一个学生受到了高年级学生的欺负，眼镜被打坏了，脸也被打青了。第二天，孩子的父亲虽然很冷静地找到我解决问题，但面对鼻青脸肿的孩子和这样明理的家长，作为班主任真的更加心疼，不仅是因为对自己班级孩子的爱护，更是因为我拥有这样愿意息事宁人，解决问题的好家长。在这里不得不说说这个受伤的男孩。他是个先天性心脏病患者，在很小的时候就动了大手术，平日里同学们都对他关爱有加。而在班车上却因为自己的座位挤到了那个高年级学生，遭到了高年级学生的欺负。换做谁是家长都很难冷静，但是当我面对他父亲时，我知道我有责任，有义务，更有一份情感上的原因，让我出面和对方的班主任协调。

当我领着他们来到了高年级学生的面前，我们看到了一个"不可一世"的男孩。看到了我们他更加无理起来，昂着头，撇着脚，一副不服气还理直气壮的样子，好像几句话不说就要动手打人的架势。这也让我联想到了昨天班车上的场面。

【案例分析】

其实在我们的人性中本就有着自私，但我们却没有把自私当作荣誉标榜。可现在的孩子基本上都是独生子女，家长对孩子特别娇惯，有好吃的全留给孩子吃，有好用的也都留给孩子用。渐渐地孩子就认为什么好的东西都应该是自己的，丧失了分享的观念，而且在群体生活中往往表现出的是唯我独尊，分毫不让。

文中的大男孩之所以对于一个座位这么在意，是因为在他的生活中和成长中缺少分享和包容的教育和经历，没有这方面的影响，所以才会因为小事而大打出手。而且这个大男孩正处在"青春前期"，多多少少有着一种下意识的"叛逆"。在他的年纪看来，叛逆就是一种"长大了"的感觉，是一种强烈的自我表现欲，在思维形式上属于"求异思维"，是标新立异，希望引起别人注意的表现，而我们现在的小学生的叛逆是越来越明显。

【解决策略】

在这则案例中，我所教育的学生不是本班级中的孩子，而是其他年级中的问题少年，因此在解决这个事件中，更需要我们老师用心琢磨，仔细推敲。

首先我们应该从细微处入手，对于不了解的学生，应该先肯定他的闪光点，拉近彼此间的距离。这样才能让他们放下心中第一道关卡，不再用一种敌意和自己交流。在和他的初次过招中，我观察发现这个大男孩帅

小学班主任成功案例集萃

气、干净，表达清楚流利，更重要的是他的眼睛很清澈。抓住了这个特点，凭借我多年的班主任工作经验，知道他一定是个"顺毛驴"，我唯有晓之以理，动之以情才能打动他。于是我和他谈起心来："孩子，老师不太了解你，但是老师却感到了你是个懂事的孩子，你看你穿得这么干净，长得这么帅气，相信你的父母也一定错不了，把你照顾得这么好。你再看看这个小弟弟，他和你一样也是父母的掌上明珠，而且他是家里的老二，父母更是疼爱的不得了。老师还要让你看一样东西，相信你看了一定会后悔自己当初的鲁莽。"而此时我也感觉到了他眼里的戾气正渐渐淡去。

其次，我们要做到"退三进一"。做班主任的过程中要不断地反思和探索，摸索出一些行之有效的招数。其中一招就叫做"退三进一"，我们看电视时经常可以看到这样的镜头，老虎等凶猛的动物在进攻前首先是身体向后撤退，为什么撤退呢？是为了更好地向前进攻！上面我们退了几步，拉近了他和我的距离，这时我们必须主动出击，让他有种措手不及之感，以此来震撼他，才能达到刻骨铭心的教育目的。苏霍姆林斯基曾说："只有在有良心和羞耻心的良好基础上，人的心灵中才会产生良知。良心，就是无数次发展为体验、感受的知识，正是在它的影响下，必然会派生羞耻心、责任心和事业心。"而文中的男孩恰恰就缺乏这些东西。因此让他产生对受伤男孩的愧疚心，才能迅速占领他心中的情感天平。

接着，我解开了我班学生的衣服，暴露出来的不是孩子般幼滑的身体，而是一条如手腕粗细的刀疤。我把他患有心脏病的情况渲染了一下，并示意让他亲手摸一摸，语言上留给人的记忆不是最深的，只有让这个大男孩感同身受，才会意识到自己当时因为一个空座位不让坐而对小弟弟大打出手是一件多么不应该和惭愧的事情。果真，那清澈的眸子里流出了泪水，那泪太复杂了，是对于自己的所作所为的后悔，是对于眼前这个小弟弟的心疼,是对于老师对他的这份宽容的感动。

最后,将心比心,卖力煽情。

此时不正是我教育的好时机吗?平日里我煽情的本事又一次派上了用场,我对他说:"孩子,他正如你的弟弟,而且他还是个身体虚弱需要你照顾的弟弟,有句话这么说,不打不相识,你们从今天起就算正式结识了,老师不想说你之前的行为对不对,毕竟你已经是个懂得是非观念的男子汉了。将来无论是家庭还是社会都需要你的支撑,谁的成长路上没有些烦恼,没有些小过失,但这都不可怕,因为你会从这些过程当中收获属于自己的财富,我只希望你能从今天起把你身边的小男孩当作自己的亲人一样对待,当他遇到麻烦的时候能为他出头,做个真正的男子汉,好吗?"我摸着大男孩的脸,为他擦干了脸上的泪水,我想我彻底地征服了他,征服了他心中的那份小自私。

【解决效果】

我的这个举动不仅征服了打人的大男孩,也征服了我班的受伤男孩,更征服了受伤孩子的父亲。当天晚上,孩子的爸爸又一次打来电话,表达了对我的处理方式的佩服,更加没有后悔选择二实验和我这个班主任。

后来的日子,我跟踪询问我班孩子在班车上的情况,也总是来到那个大男孩的班级和他交流,让他充分地感觉到老师对他的信任和宽容。如今,他不仅在班车中能主动照顾我班的学生,还能协助班车长老师维持秩序,照顾年级比较低的学生。生活中他更是成为受伤男孩的好伙伴。如今我班的这位受伤男孩多了一个关心他的大哥哥,而那个男孩也同样有了个可爱的小弟弟,更收获了一个陌生老师对他的喜爱和期待!

【总结与反思】

在这个案例中,我们真真切切地感受到了独生子女身上的一些诟病,也着实因为这些问题而头疼。因为在当代，正是独生子女教育独生子女的时代。原有的"小自私"早已逐渐放大，演变成了"大自私"，难包容。而这些问题的解决是学校教育远远实现不了的，它更需要家庭教育的强大支撑。因此我给我们的家长提出点小建议：

1.日常生活中，父母鼓励孩子和伙伴分享自己喜欢的事物，感受分享的快乐。孩子在交往、玩耍时，父母能有意识地让孩子和较大的孩子一起，这样，不仅较大的孩子可以适应带领、照顾小孩子，而且可以制止孩子的"独占"、"掠夺"行为。

2.作为家长，在对待孩子自私、霸道的事情上要坚持正确地引导，不让孩子体会到他所拥有的优越感。对于是非方面一定要坚持原则，不要因为孩子哭闹就顺其自然，随意满足。

3.注意培养孩子孝敬长辈、先人后己的好思想。

4.父母在日常生活中就应该有言传，又有身教，而不是"纸上谈兵"。在生活中就和自己的朋友表现出乐于助人、宽容大度、乐于分享等特质。帮助孩子通过模仿和迁移的力量，化思想为行动。

当然，其实在案例中我还想表达另外一种想法。我们所有人都不是教育的旁观者，我们既然身在其中，就要做好其本分，不要只关注自己班级的学生，还应该关注身边出现问题的孩子们。善意地帮助他们解决掉成长中的烦恼，成为教育联合体，达到教育的统一与协作，为学生的全面健康发展提供更广阔的空间。

"大题小做"

孙笑男

【导语】

"打架"在生活中时常可见，我们这些业余"打架"的，还真得好好学学。无论是先发制人，还是以退为进，要打，就得打出水平，打出美感，这是一门艺术。同时，"劝架"更是一种技能，可以火上浇油，也可以化干戈为玉帛。"大题小做"就是我劝架的法宝。

【案例现场】

2011年10月10日中午，午饭过后，孩子们有的在教室里认真值日，有的在安静休息，有的在操场尽情玩耍，各得其乐。突然，几个孩子跑回班级，大喊道："咱班和六班同学打起来了！"我一笑置之，以为又是孩子间的告状，小打小闹，不用过度关注。一会邻班男孩找我来告状，我笑着说："哪有男孩间不打闹的，这是一种游戏，不是故意的。"本以为事情会过去，可不一会儿，一群邻班女孩跑来找我，表情惊恐，边比画边说着，这时，我知道，事情已不是孩子们能解决的，我必须出现了。

来到楼下，孩子们已经分开了，邻班男孩泪流满面，我班同学惊恐委屈，一见我来了，孩子们像炸了锅似的纷纷向我诉说，我知道现在孩子们情绪激动，环境嘈杂，争不出谁对谁错，于是让孩子们站队回班。

一直以来，我注重班级集体荣誉意识的培养，文明行为品质的规范，所以，班级孩子从没发生过违反学校班级要求的事情。这次孩子们打架，不管什么原因，已经违反学校班级要求，孩子们自然心中害怕，回到班级静悄悄坐好，等待我的处理。

【案例分析】

在日常的班级工作中，经常遇到几个孩子彼此之间玩得很好，瞬间就吵闹甚至打斗起来。打架，是孩子成长必须经历的一课，打架纠纷，更是一个班主任必须面对的问题。

一、了解孩子的性格特征和年龄特点。

八九岁的孩子精力旺盛，好动，自制力不足，而且有了自我意识。这一阶段的孩子思维发展水平还处于"自我中心"阶段，他们只能站在自己的角度思考问题，所以在和小伙伴一起玩耍的过程中难免出现误解，产生矛盾，发生争吵甚至打斗，二年级的孩子已经有了竞争意识，特别是男孩愿意冲动，所以老师大可不必小题大做，如果吵得不可开交，只要不出现危险或伤害，就不要单纯去阻止，而要先让孩子们平静下来，再听他们各自讲出自己的理由，引导孩子设身处地去理解对方，最终达成相互谅解。

二、分析孩子打人原因，对症下药。

依教育学家们的分析，孩子打架原因有很多：

1. 有的孩子不会克制自己，愿望得不到满足，就以打人的方式发泄自己的不满；

2. 有的孩子缺少社交技能，不会与伙伴相处；

3. 因为内心有挫败感，通过打人证明自己；

4. 因为先天精力旺盛、爱冲动；

5. 有的孩子打人是为了唤起他人的注意；

6. 有的家长爱用"武力"对待孩子，成人的粗暴行为成为孩子的模仿对象。

三、正确理解孩子打架现象，掌握方法，巧妙引导。

一位心理老师语出惊人：孩子打架也有好处。她认为孩子间打架可以提供孩子成长所必须经历的挫折环境，让他们成熟起来，学会自己承担责任，独自处理发生的矛盾，锻炼孩子的心理素质。孩子之间的争吵与其说是"战争"，不如说是他们特有的一种社交方式，他们在这样的争吵中学会与他人交往。

筑波大学教授、教育学博士高野清纯针对"打架作用"说道："打架，对于培养孩子社会知识的掌握具有非常重要的意义。譬如，为了培养同情心，最能发挥作用的就是打架。因为彼此被打，双方都疼。由自己的疼就会想到对方一定也很疼，从而产生同情心，并且逐渐认识到，通过暴力是什么问题也解决不了的。"

低年级孩子在心理和行为上还是依赖和信任教师，所以在发生问题时，教师的态度和方法至关重要。

1. 提前与家长沟通，取得家长理解和配合。

2. 孩子与同伴发生矛盾冲突，家长不要偏袒自己的孩子，老师应适当放手让孩子学习自己解决问题，如果孩子犯错，必须要求他道歉。

3. 当孩子间发生争执，甚至打架时，不要一味责怪孩子，应告诉孩子你希望他在碰到争执时该怎样做，比如可以让孩子对同伴说："毛毛，我们不要打架，我们一起玩吧。"如果孩子用讲道理的方式对待朋友，老师、父母应给予表扬。久而久之，孩子能从中体会到道理的分量，也可以品尝到化干戈为玉帛的甜头。

【解决策略】

我一直在思考，打架对于男孩间是再正常不过的事情，怎样处理能既不伤害孩子的童心，又不破坏两个班级孩子的感情。

首先调查事情原因。原来是我班马子棋和邻班马国瑞一起玩，男孩间喜欢打闹，本是玩耍，我班司轩恺以为他们打架了，为了不让自己的朋友受欺负，他也参与进来，就这样，由于误会人越聚越多就打起来了。听后，我还是很欣慰的，这不是一次恶性打架事件，孩子动手也不是因为个人原因，而是出于帮助同学的集体意识。

其次，让孩子们意识到这件事中他们的错误。一个巴掌拍不响，明确每个人的错误在哪儿，孩子们心服口服。

然后我找到了邻班的当事人，在场的一名同学，还有班长。人数不能太多，人多他们自然心里有底，没理也要辩三分。我把这三名同学带到我们班。当着邻班同学的面，首先我说："二年六班和二年七班是友好班级，因为我们是好朋友，所以我们两个班级的同学经常一起玩耍，谁敢破坏我们两个班级的情谊，我肯定不轻饶。"我首先要让孩子们知道，我是公平的，不会偏向任何一方，然后我一个个将他们的问题指出来，并询问邻班孩子是否属实，然后让我班孩子向六班同学道歉，握手和好。马子棋错在没有在同学间发生误会时解释清楚，司轩恺、左振林、张轩瑞、邵星皓错在没把事情调查清楚就动手。不偏不向，有理有据，孩子们自然心悦诚服。

最后，让孩子们知道男孩间这样的事是正常的，而且他们的出发点是好的，都是为了班级的同学，说明大家班级荣誉感强，关心同学，只是方式不对，在没了解事情真相的情况下，不能轻易做决定。

于是，我让孩子们站成两排，面对面道歉，邻班同学看到我班同学真诚道歉，并受到惩罚，也意识到自己有不对的地方，说完"没关系"主动补了句"对不起。"看到孩子们已经互相道歉，和平解决，我急忙抓住教育机会，说："这样才是男子汉，敢作敢当，知错就改。咱们不打不相识，以后你就是我们班孩子的小保镖，好吗？"男孩高兴地点点头。孩子们又手拉手开开心心地出去玩了。

召开班会，及时巩固。下午利用自习课时间召开了一次班会，让孩子们讨论自己对这件事的看法，并且设计出不同的情景，相互扮演不同角色。几次实战下来，孩子们明确了面对事情要学会判断，打架不是解决问题的最好方法，要学会掌握处理事情的正确方法。

【解决效果】

虽然现在孩子们之间还会经常发生一些小摩擦，但孩子们已经能够正确面对吵闹打架现象，并且，我开始慢慢放手，试着让孩子们自己解决他们之间的小矛盾。在孩子间自己解决纠纷时，慢慢体会到如何与他人相处，怎样调整自己，融入集体中。

【总结与反思】

孩子间的"打架"和我们成人间的"打架"是不一样的，是每个孩子成长必不可少的一课，所以，作为"劝架"的老师，在处理孩子间打架纠纷时，可以大题小做，润物无声。

著名的瑞士儿童心理学家皮亚杰主张"以儿童教育儿童，以儿童感化儿童"的思想，指在儿童交往过程中，互相影响、互相教育，尤其是交往中因彼此意见不一致发生争斗时，才会使孩子自觉或不自觉地认识到他人的意见或地位的重要，了解自我与他人的区别，学会尊重和理解他人，学会调节自己的言行，以求能适应伙伴群体的行为规范，使自己从"自我中心"状态中解脱出来，融入集体。

孩子的世界是丰富多彩的，也是单纯快乐的，所以让我们一起探究孩子的心理，为了孩子的健康快乐发展共同努力！

"冷处理"温暖问题生的心灵

刘　伟

【导语】

对于问题生的关注，是我们每个班主任老师工作的重头戏。更多的时候，我们把他们看作是问题的集合体，却忘记了想要打开他们心灵闭锁的大门，最重要是以情融情，须知"教育的真谛是一棵树摇动另一棵树，一片云推动另一片云，一个心灵唤醒另一个心灵的过程。"

【案例现场】

2011年下半年（四年级一学期），我刚接这个班，虽然对这个班的孩子我还算熟悉，但是这毕竟也还需要一个磨合的过程，尤其是小宇这样特殊的孩子，让我真是头疼。

一天午休，几个孩子来告状："老师，小宇又和小典打起来了，你快管管他吧！"听了孩子们的话，我让一名女生叫小宇回班，还没等小宇回来，三年级的孩子又来告状说，小宇在走廊跑，把他撞倒了。真是一波未平，一波又起，这个午休算是泡汤了。我强忍心中的怒火，一边耐心地等待他回来，一边思量着怎么解决今天这事。

不一会儿，一脸满不在乎的小宇和泪流满面的小典出现在我的面前，小宇站在我的对面，一言不发，虎视眈眈地看着我，仿佛一场战争就要开始了。看看那边哭得委屈的小典，再看看和我示威的小宇，我也一改往日的严厉的态度，说："瞧，你们累得满头大汗，歇一会儿，然后你们再回忆一下刚才发生的事。"说完我便低头开始批作业。最初两个人相互争执，互不相让，几分钟后，看我还是没理他们，便你看看我，我看看你，不知所措了。

又过了几分钟，小宇终于开口了，他说的第一句话："我就踢了他一脚，这样的小事也告诉老师。"

"好，你虽然认为你们之间的矛盾是小事，但这至少说明了你能够认识到自己是有问题的，继续说。"

"我们还是一个幼儿园的呢！"

"真好，你还是一个很念旧的孩子，也就是说你很重感情。"

"以前别班的同学欺负他时我还帮助过他呢！"

"不错，这说明你还是一个乐于助人的孩子。既然你有这么多好的品质，为什么就不能主动向小典道歉取得他的原谅呢？来，试一试。"

"对不起。"

虽然只有短短的三个字，我知道今天的教育算是迈出了成功的一步。

【案例分析】

提起小宇，在学校可是小有"名气"，几乎所有科任老师都认识他，上课是一笔不动，时不时还下座位"视察"一下。唯一老实的课，就是我的语文课了，还算比较给我面子，能把语文书摆到桌面上。另外这个孩子生性顽劣，不让老师批评，只要你一说他，撒腿就跑，而且他时常和同学发生矛盾，从不与人道歉，每次发生冲突都会理直气壮地说："我和他闹着玩呢！"

这一切都源于孩子的家庭情况比较特殊，小宇从小过继给姥姥家，随母姓。他上面还有一个姐姐，已经参加工作了。姥姥和姥爷七十多岁，对于孩子的教育几乎就是空白。小宇因此从小任性而为，缺少管教，由于孩子与父母的分隔，没有很好地得到情感的交流，进而产生心理障碍，从而发展成"问题学生"。等到他妈妈意识到这点时，孩子的很多坏习惯已经形成了。

【解决策略】

小宇和小鑫是最好的朋友，两人可以说是形影不离，放学后也经常泡在一起，而小宇也很听小鑫的话。于是我便悄悄地找到小鑫，商量如何帮助小宇进步。还好小宇喜欢打篮球，没有小鑫，他篮球是打不成了。

从那天开始，只要小宇去找他玩，小鑫就会告诉他，还有作业没完成，得先写完作业再玩，而且还拉着小宇一起写。俗话说得好，趁热打铁，我在课上特意给小宇安排了一个最好的同桌，给他配备小老师，教他学习方法。另外，在"学雷锋"的主题班会上，几个孩子编了个三句半，我也热情地推荐了小宇，让他参与到其中的活动中来。我能感觉到，他的眼中出现是异样的光芒，这也许是他第一次真正地参与到班会中来。

接下来，在班级干部的竞选中，我又给了他一次机会，让他担任体育委员，他又找到一份自信。自从他成为班级体委后，每天负责两操，也许是因为肩上有了责任，课堂的纪律好多了，也有了一定的自我约束能力。另外，我还与各专科老师取得了联系，一旦发现他的优点就及时给予表扬。

时间真的可以积累一切，经过多次的交流，我们终于成为了朋友，他经常主动地找我聊天，愿意说出他的烦恼，有什么高兴的事情也愿和我一起分享，就连带好吃的也会主动给我。记得有一天早晨，他偷偷地摆手让我过去，当我走到他身边时，他悄悄地告诉我："老师，今天我带了一只烧鸡，中午咱俩吃了！"

从那一刻起，我知道我已经走近了他，他也真的变了，从前那个只会无所事事，对老师充满敌意的心扉已经向外界打开，而开启这把心锁的钥匙正是彼此的尊重、理解、沟通与信任。

【解决效果】

孩子通过老师的劝导和家长的带动,一改往日的学习习惯,能够自主地去学习,由于解决的策略较为特殊,孩子也没有产生抵触心理,甚至对某一方面产生了浓厚的学习兴趣,虽然与其他的孩子还有一定距离,但是只要坚持下去,就一定会找到属于孩子自己的学习道路,孩子也在与家长和老师的沟通过程中,建立起对家长和老师的信任,出现问题也学会了去与家长和老师协商,同学们也都接受了他。这种区别于以往的教学方式,通过家长的配合,效果非常不错,为孩子今后的人生道路产生了一定的影响,也让更多的孩子知道了,只要自己不放弃自己,就一定会有希望,就一定会有光明的未来。

【总结与反思】

教无定法,贵在得法。教育不是万能的,作为班主任,我们要在日常的管理工作中尽力而为,尽心而为。

1. 注重修身养性,遇事不急不躁,心态要放宽,有时要学会冷处理。对问题学生的教育是一项长期而细致的工作。不是一时三刻就能做好的,需要有耐心,在情绪上不能有太过激烈的反应,试想这些问题学生不是一天就变成这样的,在你之前不知有多少老师为他伤透了脑筋,你想一下子就改变他几乎是不可能的。每次教育的期望值不要太高。冰冻三尺,非一日之寒,既然是"问题"学生,其问题必然早已存在,是长期不良的坏习惯培养出来的。他呢,在和老师多年的斗智斗勇中,一天比一天经验丰富,也一天比一天感到其乐无穷,所以不可能每天都是风平浪静,总会隔三岔五地发生一些事来兴风作浪,你如果大事小事动不动就生气找他,有可能正中他下怀,看你生气他觉得是一种刺激。

2. 要给问题学生留点面子,多看到他们的优点。要知道,问题学生别看他问题多,但是还是死要面子的。问题学生也不是一无是处,对他们要低要求,尽量放大他们的优点，缩小他们的缺点。问题学生虽然有种种"问题"，但也有各自的闪光点。所以，要用慧眼去发现，用慧心去捕捉，然后用显微镜将他的亮点放大些，再放大些，以使其他学生都能以欣赏的眼光去看他，以使他找回自信，昂起头潇洒地做人。有些学生，因为多种多样的原因，无论如何都不能达到你所期望的目标。你有的时候可以一点面子也不给，有的时候还是要留点面子的，尽量不要在教室里批评，不然的话他会和你对着干，你的麻烦反而更多。发动学生对他们"批斗"也无效，而且易引起同学之间的矛盾，也是对班集体的一种分化瓦解。

3. 多一份关注，不放弃，不抛弃。这些问题学生之所以出现问题，主要是在家中缺少温情，缺少约束，长期以往养成了懒散、放任、粗鲁的性格。在学校，如果教师再采取不闻不问、放任自流的态度，那这个孩子无疑会沦为社会残渣，成为社会的累赘。因此对这些孩子，要从生活、学习到思想状态都应给予关注，让他们产生被重视的感觉。关注他们的行为，尤其是交际行为，观察他们所结交的朋友，要看一个人的本质，有时只要了解他的朋友就行。总之，不要让他们有老师在教训他的感觉，了解他们的生活状况和学习情况，对他们生活中的困难、学习上的障碍给予及时的帮助和真诚的指点，鼓起他们的生活热情和学习信心，教给他们为人处世的方法原则。

4. 在教育管理过程中，要有学生"问题"反复的思想准备。既然是"问题学生"，那么，他身上的问题肯定不是偶然发生的，也不会是一天两天就能解决的。要有学生"问题"反复的心理准备。在"问题"反复时，不能急躁、不能一味指责。要告诉学生他的进步，同时要求学生尽可能拉长反复的时间，以至彻底解决"问题"。这里，除了需要耐心，同样也需要老师的爱心。"江山易改，本性难移"，长期养成的坏习惯想叫他们在很短的时间内改掉，那是不可能的。他们好过一段时间后，会反复发作。但只要他们知道错了，就别对他们失望，更别说一些使他们绝望或逆反对抗的话，否则会前功尽弃，让学生认为老师虚情假意，并不喜欢他们。要始终相信他们总有一天会领悟老师的用心，成为受人尊重和喜欢的人。最重要的是我们要把学生当朋友看，为他们去烦恼、排困难、树信心。若能让每一个学生都拥有一片灿烂的天空，那么，这就是教育的成功。

让心温暖，让爱无痕

付丽秋

【导语】

"问题学生"是教育中的一种普遍现象，在每个班集体当中都有这样的学生，因而转化问题学生是我们班主任工作的一个重要组成部分。这就要求我们与之建立良好的师生关系，以人为本，施以"爱的教育"。爱的教育离不开严格与宽容，离不开耐心与说理，离不开期望与赏识。

【案例现场】

刚入学时，或许是因为和其他同学还不熟悉的原因，曹铭轩便将攻击对象定在了不会说话的物品上。把螺丝拧掉，把卫生间的水龙头拧坏……被他损坏的东西不计其数。和同学们熟悉之后，班级物品的破坏率降低了，可同学们的安全却得不到保障了。当同学们想亲近他时，他却总是大打出手，轻者把同学推倒在地上，重者则把同学的身体弄伤。入学两个多月的时间里，放学后带着他向受伤的孩子及家长道歉成了我必做的一件事。谈起他，孩子们几乎都会这样说"他总打人，我妈妈让我离他远点"。因为他的存在，我们班有十几个家长给我打过电话。以后的日子里，我几乎不敢让他下课，生怕他又伤到哪个无辜的孩子。晚上做梦经常梦见他打伤同学，家长怒气冲冲找到学校，弄得我无所适从。面对这个令老师和同学都头疼的孩子，我只能选择接受他，同时下定决心慢慢改变他。

【案例分析】

1.曹铭轩的父母都是生意人，家中条件比较优越。因为要打理家中的生意，从小父母就没有亲自照顾过他，他一直和爷爷奶奶生活在乡下，直到上小学才回来，就连学前班都没有上过，和其他小朋友玩耍的机会屈指可数。这就导致他性格孤僻，长期不与小朋友在一起，形成了社交障碍。

2.曹铭轩希望得到别人的关注，却不知道采取什么样的方式，因而往往采用的是欺负别人、打扰别人的方式引起别人的注意，得到他人的关注。

3.现在的小学生普遍存在着或多或少的心理问题，主要表现为：情绪不稳，自我失控，心理承受力低，意志薄弱等问题；缺少友伴，不愿与人交往，人际关系紧张，并在行为上出现打架、骂人，说谎，考试舞弊、厌学、逃学等心理不健康的问题。

【解决策略】

一、大胆使用"糖衣炮弹"，让鼓励和信任开启孩子的心灵之门。

大概有一星期的时间，我不再用严厉的语言批评他，只是轻轻地提醒他，或是冲他摆摆手，示意他停止。从他调皮的眼神中，我感觉到了他的疑惑和不安。有几次，同学向我告他的状时，他就用一种倔强的眼神看着我，好像在问我："老师怎么突然变温柔了，难道没看见我在干坏事吗？"我仍然不动声色，而是默默地观察他，努力从这个浑身长满"缺点"的孩子身上发现那微乎其微的闪光点，准备找到契机对其进行教育。

机会终于来了，有一次，我检查小组长收上来的练习册时，破天荒发现他的练习册也在其中。我禁不住心中一动，要知道，他可是从来不交作业的，要想知道他会不会，我要亲自到他的书包里翻。我首先打开他的作业本，尽管字写得不是很好，但所有的数学题都做对了。我很高兴，在他的练习册上写下了一个大大的"优秀"，并附上一句评语："你的练习册交得真及时，而且都能做对，说明你很聪明，也有能力学好，我相信你会不断地改变自己。"第二天的课堂上，我发现他周围少了以往的喧闹，变得安静起来。再一看他，他坐得端端正正，正用一双羞涩的眼神看着我。那一刻，我读懂了他眼睛里的渴望。那节课，他听得很认真。从此以后我不失时机地抓住他的一些优点表扬他，鼓励他，找他谈心，和他交朋友。

一个月，两个月过去了，我发现他改变了不少，打人的次数逐渐减少，心情好时还能帮我做点事。看到他身上的缺点在不断消失，优点在不断地表露出来，我心里感受到一种从未有过的成功感。他慢慢地得到同学的喜欢，老师的认可，他的父母更是喜不自禁，流着泪对我说："老师呀，我们就以为这孩子没法改了，做梦都没想到他能坐住板凳，你的招真灵呀！"

二、找准问题症结，对症下药，力求"治标又治本"。

入学半学期后，曹铭轩终于能安静地坐在教室里上课了，而且能按时上交作业，上课时偶尔还能回答问题。总之，教室内的他已经摆脱了我的视线控制。可危险总是发生在课间，我无法保证下课后其他孩子的安全。为此，我仍然感到很头疼，孩子们的安全得不到保证，家长怎么能放心地把孩子放在我们的学校呢？我必须尽快解决这个问题。

有一天中午，我正在打扫卫生，曹铭轩突然哭着跑回来，抓着我的手，却一句话也不说。我急忙问他怎么了，他就是哭，什么也不说。不一会儿，别的孩子回来告诉我，他被三年级的孩子欺负了。看着他委屈的样子，我心里不觉暗暗想笑。平常都是他欺负别人，今天他终于也尝到被人欺负的滋味。这不正是教育他改正经常动手伤人的好机会吗？于是，我给他擦干了眼泪，安慰了他，然后领着他找到了那个打人的孩子，教育了他。

回班的路上，他的小手始终紧紧抓着我，生怕我抛弃他似的。那一刻，我才真正觉得他也和其他孩子一样，害怕受委屈，需要大人的保护，在他心中，我是可以相信，可以保护他的人。回班后，我仍然抓着他的手，让他给我讲讲刚才发生的事情。这一问不要紧，他又一次委屈地哭了，边哭边说："我看他的画片好看，想离他近一点，看看，他就以为我要抢，还打我。"听了他的话，我真是哭笑不得。平常他就是这样欺负同学的，孩子们只要靠近他，想亲近他，或是不小心碰了他，他便不分青红皂白，用拳头来保证自己不受侵犯。看着他委屈的样子，我故意问他，"那你怎么不告诉他你的想法呢？""还没等我说，他就打我了"，他边哭边说。接着，我把近期他曾经打过的几个孩子都叫到教室，告诉铭轩，这些孩子都和你一样受过这样的委屈，听他们说说，老师一起为你们报仇。他不知道我的葫芦里卖的什么药，点头表示同意。当听完那几个孩子的遭遇后，他脸红了，低下头不好意思看我。我知道，他已经知道自己的错误了。

利用午会时间，我召开了一个小型的班会，题目叫"其实我想和你做朋友"。孩子们在我的鼓励下，大胆说出了他们想接近曹铭轩，却怕他打人而不敢靠近他的想法。听了同学们的话，他把头埋得低低的，下课后，他小声告诉我，他就是怕同学抢他的好东西才打人的。

【解决效果】

从那以后，同学们都敢和他玩了，他也很少用武力来保护自己了，因为他引起的打仗事件自然也少多了。我和同事开玩笑地说："我终于找到了医生那种药到病除的感觉"

现在的曹铭轩已经真正被老师和同学们接受了，连一些家长见到我都忍不住要惊喜地问我，"老师，我从孩子那里发现曹铭轩变了，我们做家长的也放心多了。"但是我知道，对于他的特殊教育还不能停止，下一步的目标是解决他上课不听课的问题，使他的学习成绩提高上来。

【总结与反思】

从对铭轩的教育实践中，我深深体会到，对于他这样特殊的孩子，仅靠严加管教是不够的，我们不妨手持爱的灯盏，用我们心灵的灯光为之引路。给孩子一份信任，搭起一座沟通的桥梁；给孩子一份鼓励，为他的每一次进步喝彩，期待他下一次可以做得更好；给孩子一些宽容，孩子才能在一次跌倒后又一次站起。让我们将自己的爱心和耐心，化作无声的细雨，用精神的甘露去洗涤孩子精神上的尘埃，树立坚定的信心，用无私的爱筑起他们的成长"大厦"。

把自信的阳光洒向每一个角落

张虹云

【导语】

自信是一个人走向成功必不可少的组成部分。而对于问题学生来说，他们往往缺少的就是自信。由于自身存在着某些问题，很有可能经常受到各种批评、指责，更有甚者是被打骂。这样很难让他们对自己产生自信。我们每个班级都会有一两名存在问题的学生，所以，帮助问题学生建立起自信，就成了我们教师教育好学生应具备的一种基本能力，也是提高全班教学质量，做好全班安定团结的关键环节之一。

帮助问题学生建立自信，是一个长期的过程，不能急于求成。因为问题学生出现问题也不是一日、一时，而是长期在不良的环境或是家长面对孩子错误时不当的处理方式而出现的不健康或是不正常的行为。所以我们也要有打持久战的心理准备。我们在教育的过程中要善于发现任何有助于帮助学生的方式、方法。我们在帮助问题学生的时候要根据他们的自身特点，有针对性的进行教育。

【案例现场】

我们班有一名学生，老师说的话，他总是听不明白。平日里非常好动，上课时一不留意，他就离开座位走到别处去。上课精神不集中，愿意跟同学打闹，遇到事时总是斤斤计较，作业书写错误百出，多次批评教育也不见效。一年级时，连最基本的数数都数得丢三落四。很多同学都不愿意跟他玩。

一次找他谈话，他说出了这样的委屈——班里没人喜欢我了，我学习不好，纪律不好，我是个坏孩子，说着流下了眼泪……

【案例分析】

经过了解我发现，由于他母亲是朝鲜族，所以平时说话都是朝族语，而我们在学校说的都是普通话。这样使得他不能很好地适应学校的学习环境。上课时听不明白，上起课来就感觉很没意思，所以上课时才会那么好动。时间长了，得到的是老师的批评，同学的不喜欢，所以，恶性循环，没有了自信，丧失了前进的动力。

【解决策略】

明白了该同学出现问题的症结之后，我仔细分析，认真琢磨。改变了原来一味地批评教育，采取了指导、说服、鼓励等一系列方式。在语言沟通上，我说话时尽量以最简洁、明白的语言与他沟通。说完之后，先问问他听明白了没有，如果没听明白再说一遍，再不明白就换一种他能接受的方式说。还鼓励他遇到有不会、不懂的地方要跟老师说。每次做作业，我也总是把他叫到我的跟前，让他在我的帮助和指导下完成各科作业。开始的时候，他总是出错，有的时候说七八遍还是不明白。有的时候看到他这样真的很生气，但更多的是着急，怕他这么小就跟不上，以后的学习就更加困难了。在担心之余，我还在不断寻找各种方法。

我首先与他的家长取得联系，让他的家长尽可能地讲普通话。这样对他更快地适应学校生活有很大的帮助。还指导家长在家时，多指导他写作业。这样家、校联合教育，可以更好地帮助他取得进步。

在做题时看到他的点滴进步都会及时表扬。他对自己也越来越有信心，由最开始的惧怕到我旁边写作业到现在只要一有作业就主动到我这里，有的时候我看他完成得很好，让他回到座位去写，他也不肯离开。我知道他在进步，他对学习的热情也在一点点高涨。现在他上课不再到处走动，每次作业也都能比较认真地完成了。

【解决效果】

他的点滴进步不仅他自己感受得到，就连以前不愿意跟他一起玩的同学也感受到了，他们发现他进步了，都很高兴跟他一起玩，还有学生说要永远跟他当好朋友。同学的支持与关心更加增强了他的自信，他也表示今后一定好好学习，上课认真听讲，再也不在上课时离开座位到处走了。他要好好学习，将来跟同学们一起考大学。

看到他的进步，让我深深地体会到，学生的问题虽然有时让我们很头疼，但是只要我们用我们的爱心去关心他们，教育他们，运用科学而合理的方法去引领他们，帮助他们从自己的点滴进步中寻找自信，那么，他们是会不断取得进步，最终从问题中走出来的。

【总结与反思】

一、一个都不能少。

一个不能少，不仅是指班级里不缺少学生的数量，而是指他们都能在教师的教育下取得进步,不让任何一个人落后或掉队。虽然这样做会花费我们大量的时间,而对学生来讲,就有着更大的意义,因为这关系到他们的一生。

问题学生也是学生,他们同样有受教育,被关爱的权利,我们不能剥夺学生这种权利。只有我们心中有爱,才有拯救那些问题学生,帮助他们从问题中走出来。我们不能因为学生一时的问题,就否定他们的存在,或是忽视他们的存在。这样都是不可取的。

我们要如电影中那个小魏老师一样,不放弃任何一个学生。尽自己最大的努力,去帮助那些问题学生。让他们建立自信,并依靠自信从问题中解脱出来,逐步与其他学生看齐。

二、教育从了解开始。

教育孩子的前提是:了解孩子。《论语》中也有一句话"不患人之不己知,患不知人也!"人往往因为无知,所以狂妄;因为不了解,所以偏见。在教育教学工作中,教师们往往会形成一种思维定势,以为自己教学生的时间越长,越能了解学生,越有资格给学生下结论。实际上,时间的累积并不代表了解的加深:其一,教师的工作往往只能探测到学生某一时段或某一领域的能力,并不是全方位的;其二,基于各种因素,学生往往会约束自己,伪装自己,教师所看到的并不见得是学生真实的状态。其实"问题学生"并不像我们认为的有那么多问题。

他们多数只是某一方面落后。昔日冷眼中的瓦特、讥笑中的牛顿、愚笨的爱迪生,不是都成了取得巨大成就的科学家了吗?这还不足以给教师们以警醒吗?我们不能早早地下结论,早早地摇头叹息。

三、自信,是问题学生进步的催化剂。

教师们面对的差生,往往差的不只是学业,还有行为习惯、技能技巧,所以他需要的帮助很多很多,我们根本就来不及也不可能一一弥补,只能给予他最最需要的东西,那就是培养他的自尊自信。

记得唐拉德.希尔顿有句警示的话:"许多人一事无成,就是因为他们低估了自己的能力，妄自菲薄，以至于缩小了自己的成就。"每个人潜力的大小，能力的强弱，往往决定于自我评价的高低。而这个自我评价的水平，是受他人长期暗示的结果！最容易给予这种暗示的人，就是学生眼里最具权威、最值得信赖的人，往往正是他们的父母或者老师。在他们心里，老师所否定的，往往不是一件事，而很可能是一种能力，一种希望，甚至是一个人的一生。那么，作为一名教师，我们为什么不多给学生一份肯定一份鼓励？为什么不多给他一份成功的希望？"授之以鱼，不如授之以渔"，也许，真正的给予是从培养自尊自信开始的。

家长，请退一步

武雪莲

【导语】

在孩子成长的经历当中，家长到底应该扮演着怎样的角色呢？应该说，家庭教育从过去的"散养"已经转变为现在的"圈养"，家长将自己的全部希望与精力灌注在一个孩子身上，集成万千宠爱于一身的孩子，其实对家长一厢情愿式的教育，并不是照单全收。引导家长在孩子的身体与精神发育的过程中，采取正确、科学的教育方法，也成为我们班主任工作中不可缺少的一项。

【案例现场】

清晨，当我刚刚走进校园，身后就传来了一个熟悉的声音，"上课认真听课！听老师的话！要和小朋友好好相处！不能打仗啊……你慢点走，别摔着，你这孩子，听见我说什么没？"回头一看，果然不出所料，班级里李超的家长正在校门口扯着嗓子喊着。再看看李超，一蹦一跳地往前走着，似乎没把身后那个越来越大的声音放在心上。

"李超，你爸和你说话哪！"我提醒道。

"老师好，我爸天天都那样，我都烦了。"他一脸天真的笑容，看了真让人喜欢。不过熟悉他的老师都知道，他是个学习习惯不太好的孩子，多动好玩，从来不把学习当回事儿，生活用品也是随处乱丢。早上，他爸爸送他上学，白天，他妈妈要到学校里陪读。同事们经常能看到一个在教室后面的母亲，盯着孩子，手脚比比画画，瞪着眼睛，不时地做出发狠的样子，看了都让人感到好笑。可就是这样，李超的学习依然是门门挂红灯，和小朋友们的关系也不太好。经常有别的学生家长打电话反映，向我提意见。

这样的教育结果，使李超自己每天也不得自由，不得快乐；对他的家长来说更是苦不堪言，每次交流，他们总是会向我倒出一肚子的苦水。

【案例分析】

一直以来，我们在审视学习成绩相对较差的孩子的时候，总会把问题归结为学习习惯不好。没错，当我们看到一个孩子在课堂上注意力转瞬即逝，答题时信马由缰、不计后果的表达，回到家后作业拖拉写到十点多钟，仍然错误连连的时候，我们只能说："这个孩子的学习习惯太差了！"可是，问题的关键是孩子的学习习惯是什么时候开始形成的？是从进入幼儿园，或是小学阶段才开始的吗？其实不然。客观地讲，孩子的生活习惯就是他的学习习惯。这一点，应该是很多家长忽视的。

家长们大都认为，在孩子小的时候主要应该强调学习习惯。即使孩子放学回家之后把书包随便乱丢，脱掉的衣服也不放进洗衣篮里，晚上不睡，早上不起，只要学习成绩好的话，这些都可以原谅。殊不知，生活本身就是一种习惯，生活习惯不正确的孩子，学习成绩也绝对不会好。

作用于学习状态的生活习惯是隐性的，但作用却超乎我们的想象。

我们很难想象，一个生活上严谨自律的孩子会在学习上一塌糊涂；也很难指望一个生活中做起事来颠三倒四到的孩子能在学习上独占鳌头。

案例中李超的父母对待他的学习可谓是尽心尽力，对他的生活照顾得是无微不至。可是结果怎样？我们真为孩子而担忧，也没他的父母的行为而愤慨。尽心尽力也好，无微不至也罢，其结果是让孩子没有了平心静气学习的环境，缺少了对待生活严谨自立的生活能力。

【解决策略】

围绕李超同学身上出现的问题，我先是和家长取得共识，然后制订了以转变孩子生活习惯为基础的计划。主要从以下三个方面做好工作：

其一，自己的事情自己做。从生活当中的点滴小事做起，比如每天上学所用的书本都要自己装到书包里，作业尽量独立完成，家长只负责检查，并且在孩子学习的时候不送水果，不在旁边唠叨。

其二，每天静静地看半个小时的书。看完之后，把书中的故事讲给爸爸妈妈听，然后回答两三个家长提出的小问题。这一点主要是针对李超同学的注意力差、专注时间短的问题而确定的。

其三，交到属于自己的好朋友。通过了解发现，李超在班级里基本上没什么好朋友，因为自己淘气、好动，同学们都不愿意和他一起玩。于是，为了让他能够找到集体生活中的快乐，通过和李超本人的商量，希望他能够在一个月的时间里交到一个好朋友。不和对方打仗，不取笑对方，平时能和朋友友好相处。

【解决效果】

李超同学的转变是可喜的。通过一段时间，我和他家长的协同作战，终于在他的身上有了改变。一些简单的事情学会自己处理了，有时候还会主动帮爷爷奶奶做点事，乐得老两口高兴得不得了，直夸孙子长大了。现

小学班主任成功案例集萃

在,在课堂上的李超也变了,以前五分钟都静不下来,现在一口气能听十几分钟的课。这也是不多见的。和小朋友的关系也融洽了许多,他现在和张晓明是"铁哥们"了,经常能看到两个孩子手拉手出去玩。

可是,我也经常提醒他的家长:"冰冻三尺,非一日之寒"。不良的习惯不是一天两天形成的,我们也不能指望他在短时间内就彻底改正。正所谓"江山易改,本性难移",在帮助孩子改正现状的这条路上,还有很长的路要走。

【总结与反思】

记得全国著名特级教师于永正先生给胞弟的信时,突然有了这样一种反观自省的念头:在课堂教学中,请老师退一步。越俎代庖的事情干得多了,孩子就成了中会竖起耳朵听,张开嘴巴说的机器了。这机器说白了,就是一口大水缸,装的东西不少,可惜没什么颜色。

孩子的小脑袋瓜儿是个"黑匣子",不可控制。孩子的小脑袋是会生发思想和独立见解的"肥沃土壤",在这里你可别指望"种瓜得瓜,种豆得豆",干什么我们非得给这"瓜"蔓搭个架子,到了时候还得掐尖定心!此"瓜"非彼"瓜"啊!家长们要明白,更要在教育的时时刻刻实践:多给孩子一点自主的空间,多让孩子形成一点自立的能力,这是多么重要!

家长们,请退一步,有规律,有方向地再退一步,孩子活得洒脱了,你也就真正享受到家庭教育的幸福了。

携家长之手，倾教师之爱

刘爱丽

【导语】

爱一个学生就等于塑造一个学生，而厌弃一个学生无异于毁坏一个学生。爱学生，不仅要爱好学生，更要爱有缺点、有问题的落后学生。正因其差，因其问题多，才需要教师付出更多的时间、精力和爱心。

【案例现场】

我们班的李丙辰，因为天生反应慢，动作慢，再加上父母文化程度低，事事袒护他，学习习惯不好，成绩也很差，每次考试成绩经常和班里其他同学相差二三十分。他很贪玩，总是不能按时完成作业，没几天，他就会积起一大堆作业没有完成。面对这种情况，他的家长不是配合老师管教，而是说孩子小时候就是要多玩，这样身体才好。作业没写完不要紧，以后大了就好了。他的作业有时家长帮着写，有时家长写条找理由不让写，有时甚至直接问我这个作业可不可以不写。这样一来，李丙辰更不把老师放在眼里了，作业到了"你让我补我就拖，拖到家长来领我"的程度。

【案例分析】

李丙辰之所以会出现以上的种种问题，除了自身因素之外，很大程度上，家长的溺爱和迁就占据了很大的原因。孩子家长片面地认为孩子吃好、玩好、身体好，长大了学习上的事自然就会了，不懂得教育规律，更不知如何与老师配合，让孩子有了"靠山"，无视老师的教育，导致了孩子懒散、不求上进，甚至拖着不写作业。要想真正地教育并转变李丙辰，必须先做通家长的工作，取得家长的理解与配合。

【解决策略】

面对李丙辰及家长的态度，我有时也真是气极了，不想再管他，由着他去，等到他大了让家长尝尝自己种下的苦果吧。但静下心来想想也挺可怜他的，自己天资不聪明，家长又不明事理。面对这种情况，我决定先从做通家长工作方面入手，多次进行家访。

开始去的时候，我只报喜不报忧，拉拉家常，聊聊家长的不容易，孩子的健康情况等，降低了家长对我的抵触心理。慢慢地，在表扬孩子的同时表示惋惜，"丙辰，作业写得真工整，如果他在写作业的时候不玩就好了。""孩子近来读词都读对了，同学们高兴得给他鼓掌呢！要是能在家多写几遍就更好了。""我发现了，丙辰很聪明的，昨天那个问题他回答得那么到位，要是能多读几遍课文就更好了，其他的问题他一定能很快地思考出答案的。"……同时，我也了解到，家长有个灰色的童年，一直有个虽然学习很不好但是希望老师对他最好的愿望，因此对于儿子也抱同样的想法。找到了症结的所在，我尽最大的可能表扬、关心李丙辰，在与家长搞好关系，树立家长信心的同时，也加大了对他的辅导力度。一次，他又因为作业连续几天没完成而被中午留在教室里补作业，我打电话让家长给他送点吃的。过了一会儿，家长气冲冲地空着两手来了。我想：完了，又捅马蜂窝了。没想到，家长的一通咆哮，没有冲我而是冲着李丙辰，最后还留下了一句：以后写不完作业不用想着吃饭，我也不可能来领你了。面对我，家长第一次道歉：刘老师，真是对不起，总给你添麻烦，孩子真是不争气！那天中午，家长真的就没让孩子回家吃饭，还一再嘱咐我也不能给他饭吃，让他提前尝尝以后没有文化知识吃不上饭的滋味。

面对家长的这个转变，李丙辰深感意外，他的表情明显地由等待时的有恃无恐，见到家长时的得意到听到家长怒吼的愕然、看到家长离去时的茫然和不知所措，看到我就不松口所表现的委屈、焦急，到最后无计可施后的不靠时间，刷刷刷地做起作业来。看到他丰富的表情变化，我想今天的教育我收到了成效。后来李丙辰说，那天直到下午放学回到家，家长也没给他个好脸色，一直等到晚饭的时候才准许他吃饭。对于这件事，他在周记和作文中几次提到，表示挨饿的滋味真不好受，以后再也不敢不学习了。

【解决效果】

坏毛病不是一天养成的，要改变也不是几天就见效的。因此，李丙辰后来也多次出现反复，但是因为我有了家长的支持、配合，他有了家长的监督，同学们都热情地帮助他，我也时时提醒他，他的情况也有了较大的好转。终于在下学期，李丙辰基本改掉了三年来不完成作业的习惯。在期末考试中，他的成绩都及格了。家长每次遇到我都说："刘老师，真是太感谢您了，没有您，就没有丙辰的今天。我们忘不了您啊！"

【总结与反思】

古代大教育家孔子早就提出"有教无类"，高尔基也曾经说过："谁不爱孩子，孩子就不爱他，只有爱孩子的人，才能教育孩子。"热爱学生是教师的天职，它远比渊博的知识更重要，得到老师的关爱，是每个孩子的心愿，只有不断鼓励、鞭策孩子，才能大大推动学生的成长和进步。

其实，每一个孩子都是一块璞玉，作为老师，应该努力地去雕琢，使它永久焕发光彩，而不是半途而废。孩子千差万别、各不相同，有的一点就通，有的死钻牛角尖，这时，教师只有一而再、再而三地帮助他们，忌怒忌躁，才能真正做到"因材施教"，否则将会事与愿违。俗语说："罗马不是一日造成的。"学生的转化也是如此，而此时的教师就必须有"滴水穿石"的恒心了。

第二辑

班级博客是一座美丽的桥

张亚娟

【导语】

传统意义上的教师职责是传道、授业、解惑。今天，新的世纪，新的时代，人们越来越关注自己的个性发展与张扬，所以对教师也有了新的要求：树立全心全意为家长和学生服务的意识。为家长提供最及时的沟通，最需要的帮助，最恰当的指导；给学生以最贴心的理解，最积极的鼓励，最有效的指导。这些都必须是我们在日常工作中要思考并付诸行动的。网络的便捷和数字化的普及给这一切提供了平台。

【案例现场】

每接到一个新的班级我都希望能在第一时间和家长达成教育的共识，但是因为家长和老师站的角度不同，我们对孩子的认识和要求，以及教育的方式方法不同，不可避免地会有教育观念上的差异。这样的情况就非常需要密切的沟通和交流。

例如接班后，我们的语文作业与以往有了不同的要求，每天班级有必做作业，也有选做作业。每位家长都希望自己的孩子能既完成必做作业，又完成选做作业。这样对一部分学习有困难的孩子就增加了负担。为了帮助家长理解老师这样留作业的目的，梳理家长情绪，调整家长的心态和做法，我写了一篇博客：

灵活些，只要孩子在向前走就好

2011-09-2622: 07: 22

今天和刘欣彤妈妈聊了几句，她告诉我孩子虽然昨天的作业有没写的内容，（综合训练十一的内容，我们已经在学校做完了将近两页，没有写的内容我们也都一起讲完了答案。因为怕大家有不知道的古诗，不能辅导孩子。可是有的孩子就把这些内容忘记了。）但是孩子回家做了一些额外的复习。对于这样的情况，我想不要批评孩子。她作业没有记好，这是一个不好的习惯，需要改正。但是孩子也有值得我们表扬和鼓励的地方，那就是她能主动学习，没有荒废时间。这就要给予表扬和鼓励。只有这些孩子学习的积极性保持住，他们对学习才不至于厌倦。

没有做的内容，今天补上也是可以的。不要把事情弄得太死了。但是最好让老师知道她做了一些额外的学习内容。这样老师就放心了，不会认为她不愿意学习。相反，老师可以督促她把没有写的内容写完。不会的还可以在班级辅导孩子。

今天把这件事说出来就是希望给其他孩子和家长一个借鉴。学习的内容，作业的内容可以自己控制，只要你明白自己努力的方向，并且在朝那个方向走就好。能自己做点什么，是孩子学习自己管理自己的一个必经之路，只要他们有这样的意识，并积极行动就好。这样的路上，我们一起鼓励，扶持孩子。这样孩子，家长和老师都是快乐，幸福的。何必一定要怎么样呢？

语文学习，有的时候没有那么紧迫，必须要怎么样，只是心里担心孩子不要故意不做作业才好。所以有什么特殊情况不能写作业的时候，需要请家长打个电话或写几个字做些说明，然后督促孩子补上也是可以的。

所以希望大家千万别急，别气，灵活地处理好孩子学习上的差异。如果你愿意可以联系我。咱们一起制订一个对孩子更有效的方案，一起引导孩子，使他们渐渐主动、自觉地积极完成选做作业。

另附：

最近的专科课书和学具有一些孩子总是忘记带，没有书自然要说闲话，影响自己，也影响别人。请提醒孩子别忘记，因为会严重影响孩子的学习状态。

秋天是传染病多发季节，有二年级的孩子出现水痘，提醒家长关注孩子的体温变化，学校每天都会消毒，我在学校也会密切注意这个问题。快过节了，别在咱们班出现问题，让大家跟着操心。

下面摘录的是家长与学生的评论：

1. 焦楚：何泓霖说了，她说她除了70首必备古诗倒背如流之外，还多背了几十首诗，包括词。谢谢老师的博客，能让这个孩子有了上进心。老师的文章写得真美，这个班会出现几个未来的小作家，何泓霖要是能认识到这一点就好了，幸运地成为这么有才的老师的弟子。老师还能额外教学生一些写作技巧。只是她还没有领悟老师的意图。没办法，慢慢来吧。希望其他学生能领悟到吧。

2. 游客：灵活的教学方式，不变的教育热情，一路有您的陪伴感觉真好。突然有一种依依不舍的感觉，害怕毕业，害怕分离，要格外珍惜从今往后的每一天了……

3. 吕奕霖的家长愿我们积极努力快乐地学习工作，幸福快乐每一天。一定要珍惜我们所拥有的。

4. 游客: 说实话, 孩子的改错本基本没写什么, 我们只要一问她, 她就会说: "已经都会了。" 但孩子的小错误总是有, 该怎么办呢?

5. 马强家长: 张老师严谨的教学态度, 入微的教学方法, 相信孩子们一定会受益匪浅。

6. 思雨妈: 收到。张老师好细心, 我今天看到思雨作文的评语, 孩子最近学习积极性不高, 我会督促孩子跟上老师的进度, 不会落下的。

7. 昕桐姥姥: 老师放心, 昕桐一定会跟上老师的学习进度。家长也一定督促孩子认真学习。。

8. 游客: 好老师!

【案例分析】

攀比和从众心理一直是教育不能得到因材施教的重要原因。

因为没有人愿意承认自己的孩子不如别人。大家总觉得自己的孩子哪方面都是最好的, 至少是可以做到最好的。

这样违背多元智能理论的认识, 导致我们的家长不分青红皂白地用"一刀切"武断教育自己的孩子。处处时时将孩子与他人比较, 把一部分孩子比得没有了信心, 没有了积极性, 学习上的惰性也越来越大。

要想提高学生的学习积极性, 就要一步步引导他们重拾信心。而这必须要从因人而异开始。要因材施教, 就一定要家长配合和认同。每个孩子都有自己的长处和不足, 这样的差异是存在的。

让家长看到自己孩子的长处, 树立坚定的信心。同时也要看到孩子的不足, 正视问题的同时, 一起想办法, 用科学的态度, 耐心的引导帮助孩子成长。

因此我每天希望通过博客中的教育故事, 和家长逐渐建立教育观念上的认同。并通过这些故事, 让家长看到老师的细致、专业和爱心。希望

小学班主任成功案例集萃

这样可以使家长的心渐渐平静下来,因为只有教育者自己先稳住心情,才能静心想出孩子愿意接受又有效果的办法,引导孩子不断进步。

故事中的欣桐妈妈有的时候就是有点着急,心里着急就难免会简单处理问题。孩子索性就硬挺着,或者说谎,这样更不利于对孩子的教育。所以在与她做了深入沟通后,在班级博客上谈了自己的认识,希望更多家长都能思考这个问题,并矫正自己的行为。

【解决策略】

1. 舆论引导达共识。

从众心理最好的破解办法就是矫正众人的错误认识。也就是说我们的工作不仅要教育帮助孩子,还要抽出精力去做好家长的引导帮助工作。这是很不容易的事情,但是我们必须要去做,只有这样我们的教育才能真正走进每一个孩子的心。在班级家长和学生中营造一种积极科学的文化氛围,占领舆论的主导,用博客带动家长配合老师对孩子采取有针对性的引导和教育。

2. 大目标变成小目标。

家长和老师的教育理念通过博客达成了共识,他们愿意和老师配合却不一定有好的办法,所以在博客中我提出了一些具体的要求。具体做法就是帮助家长把理想的境界,化成一个个小目标。这些小目标是孩子们能稍做努力就能达到的。因为凡是学习有困难的孩子,往往都是意志力比较薄弱,对自己没有信心的孩子。他们需要时时刻刻都能看到自己的进步,这样他们的进步会帮助他们树立信心,为他们生出一直努力的动力。

3. 积极地鼓励督促。

孩子的成长不是一蹴而就的,他们也会有反复的时候。所以在这样的博客得到家长认同之后,在班级也对学习有困难的孩子采取了一系列的"特区"的"一国两制"的政策。这样的"一国两制"得到了班级全体同学的理解和支持。大家明白老师暂时给予他们的不同要求，是鼓励，是鞭策，同时也是对其他同学的另外一种认同。学困生在不断地鼓励和督促中，逐渐完成了与大家一样要求的水平，他们在这样的过程中感受到集体的温暖和努力后进步的喜悦。家长也明白了教育孩子需要持之以恒，需要细心、耐心的督促和引导。

【解决效果】

班级的博客得到了很多家长的回复，在这些回复中老师得到了工作的动力支持。这些家长的回复也在引导着其他阅读老师博客的家长。在班级逐渐形成了因材施教的舆论氛围。家长们也开始思考自己对孩子的教育是否太简单化。

孩子们因为班级一系列"政策"的实施，学习的积极性一点点地被调动起来。班级的各项工作都有专人记录和总结。为了学困生的进步，班级特别制定了考核办法。学困生们发现自己每一天哪怕有一点进步，都会被看到，被鼓励，而且他们的行为会给小队带来荣誉。这样的评价使他们得到了鼓舞，更看到了自己与集体荣辱的密切联系。责任感、自信心在心中得到了强化，行动也逐渐变得自觉主动起来。

【总结与反思】

新的时代对老师的要求，我们要与时俱进。教育的产品不是学生，而是为家长和学生提供最好的帮助和服务。

信息平台的沟通毕竟受字数限制，所以利用网络平台写班级博客，让每天班级的故事呈现在家长面前，让他们在第一时间真切地了解班级，了解孩子，了解老师，并在这样的过程中潜移默化地受到影响并积极行动起来。这样必将会在达成教育共识的前提下，形成教育合力。

班级博客从哪些方面展示班级工作呢?

一、传递教师教育理念。用具体的教育故事阐释教师对教育的理解,让家长在故事中受到启发。同时经常上传简短的教育前沿理念与家长一起学习,共同提高认识,做到思想上家校"齐步走"。

二、上传班级近期工作。在工作开展的连续故事中,让家长了解孩子在班级所处的位置和变化,让家长在了解别人的孩子同时,看到自己孩子的成绩和不足,配合老师做好孩子的思想工作。在这样的过程中树立对于孩子来说,过程比结果更重要的理念。用发展的眼光看孩子,帮助孩子。

三、帮助家长梳理情绪。当家长发现孩子的问题时,有的能静下心来思考如何帮助孩子解决,但是更多家长则把负面的情绪传递给孩子,一顿批评之后,并没有具体解决的办法。这样下去,只能是恶性循环,所以教师要用教育故事经常提醒家长如何控制情绪,如何引导孩子一步步改正错误。

四、上传班级活动照片。让家长通过具体的形象了解班级工作的开展,了解孩子的成长进步,从而赢得家长对班级工作的支持。

五、在博客的上传和评议中及时交流家校教育的心得,求大同存小异,在热点的争论中反思自己的工作,及时调整教师的工作,更好的服务家长和学生。

六、为孩子提供展示自己的舞台。经常上传孩子比较优秀的习作,表扬孩子的突出事迹,让孩子在网络上看到自己的优秀,看到他人对自己的鼓励,培养树立积极进取的上进心。

七、宣传学校,宣传老师,宣传孩子,宣传家长。让班级博客为家校建起一座美丽的桥,铸就一座温馨的心灵家园。

"崛起"的六四班

张　媛

【导语】

班集体是一个小小的社会,它作为学校环境中的小环境,对学生的成长来说是最直接、最具体、最熟悉的环境。一个班集体的成长,是大家共同努力的结果。如果班集体出现了问题,作为主导者的班主任就必须带领学生们剖析问题,找出症结所在,以教师为中心,以科学化的方法和人性化的理念,配合社会的需求、学校的目标、家长的期望及学生的身心,来规划、推动、开展适当的措施,以求良好的教学效果和达成教育目标的历程。

【案例现场】

刚来到二实验,我便成为了三年四班的班主任。在慢慢地接触中,我发现这个班问题很多、很难带。班中男女生的比例严重失调,男生30人,女生15人,而且男生个顶个的淘,每天都会有新鲜事发生,犯错误都不会重样。由于前任班主任调走了,学生们一直很放纵,班中呈现出一种"懒、散、乱"的风气,班里事没人管,学生很自私,也很任性,老师提的要求左耳进、右耳出。甚至老师走进教室,学生们就像没看见一样,依然我行我素。上课不带学习用具,课上不听讲,传纸条、说笑、打闹、睡觉、喝水、吃零食……下课后学生们一窝蜂似的在教室、走廊追跑打闹,一语不合抬手即打,满口脏话;教室脏乱不堪,放学无秩序,卫生无人打扫;做操七扭八歪,升旗时唱国歌光张嘴不出声;学习成绩年级倒数第一,多数同学不交作业,缺乏学习习惯、学习兴趣及明确的

小学班主任成功案例集萃

学习目标……这样一个谁见了谁摇头的班级，着实令人头痛。

【案例分析】

经过一段时间的细致观察、深入接触和了解，以及仔细分析之后，我发现这个班主要存在以下几个问题：一是学生缺乏自控能力，没有良好的行为习惯。例如：学习习惯、卫生习惯、文明礼仪习惯等，自由散漫，有些不良行为已经"习惯成自然"了，他们根本就感觉不到自己有错误。二是班集体缺乏凝聚力，没有正确的舆论导向，正气不足。同学们缺乏集体观念，而班集体又缺乏吸引每个同学的凝聚力，缺乏良好行为习惯的养成和严格要求，缺乏积极上进的源动力。三是学习目的性不够明确，学生们不知道主动学习，更不会学习，后进生很多。

看到班上的情景，端详着每一个活泼可爱的孩子，我深深地知道：一个孩子的进步与徘徊，往往维系着一个家庭的欢乐与痛苦，教好孩子是造福孩子一生的事业，决不能辜负领导的重托和家长的期望。我认识到要带好这样的班级，必须多动脑筋，坚持以人为本，科学管理的原则，从常规抓起，矫正学生们的不良行为，用真诚和爱心来打动他们，让学生真正体会到老师对他们真诚的关爱，从而"亲其师信其道"，让班集体旧貌换新颜。

【解决策略】

一、学习规范，讨论制订班级公约。

我充分利用晨会和班会课，指导学生们学习《小学生日常行为规范》和《小学生守则》。根据班级存在的问题，我们制订了如下公约：1. 尊敬师长，团结同学；2. 诚实守信，谦虚礼让；3. 关心集体，各尽其责；4. 进出教室，安静有序；5. 勤奋学习，独立自主；6. 热爱劳动，任劳任怨。

由于是师生共同制订的班级公约，因此它的约束不仅包括学生，还包括老师，要求学生做到的老师首先要做到。由于学生自控能力、意志力等存在差异，往往开始的时候总有部分学生出现违反班级公约的现象，这是正常的，要允许学生犯错。每个行为规范的养成都需要21天，因此，在习惯养成的教育阶段，班主任一定要做到腿勤、嘴勤、反复讲、反复抓。

二、发现典型，培养树立班级"榜样"。

榜样的力量是无穷的，我很信赖这句话。在培养学生履行"尊敬师长"这一公约时，我首先让自己成为学生的"榜样"。尽管我家离学校很远，但为了做好表率，我每天不到七点就来到班级，先打扫干净教室，然后微笑着迎接每一名学生，并主动送上问候"早上好！"晚上放学我会主动说"同学们再见！"在我这个"榜样"的带动下，第二天便有学生主动问候我"老师早上好！""老师再见！"发现有学生知道尊重老师，我便在班上大肆地表扬，把他树立成班级文明的"榜样"，并授予他"文明小明星"的称号，然后带动大家都来遵守公约。当一个榜样树立成功之后，我再发现并培养其他方面的"榜样"，如："纪律小明星""劳动小明星""学习小明星"……让我惊喜的是，在众多"榜样"的带领下，学生们也纷纷行动起来，有了榜样和动力，渐渐地班级走上了正轨。

三、力抓班风，培养学生的集体荣誉感。

一个团结奋进，具有良好班风的集体，不但能使教学及各项活动顺利开展，而且能够激发每个学生奋发向上的精神，使其健康成长。良好的班风是同学们学习的保障。依据这一宗旨，我采用科学而又人文的方式，先为学生营造出温馨的、富有特色的育人环境。我利用晨会、班会开展"我爱我家""我的班级我做主""今天我当家"等主题活动，让学生知道班级也是他们的"家"，明白怎样做才是爱家的。然后调动学生们的积极性，根据自己的喜好，大家一起动手，将教室打扮得漂漂亮亮的，让他们先爱上班级,愿意生活在这个"家"里。再通过开展妙趣横生的集体活动,使班级始终充满活力,创造和谐的气氛,为每一位学生提供机会,发挥特长,增强主人翁意识,让每一位学生都知道在班级中自己很重要,从而培养学生的集体荣誉感。

四、明确目的,培养学生独立学习。

在班级纪律、卫生等各方面工作逐步走上正轨之后,我开始慢慢把工作重心进行了转移,由原来的行为规范养成教育转变成学风和学习能力的培养上。我通过组织学生讲名人故事,播放成功学生的感人视频,举办亲子座谈会,学习交流会,"一帮一"结对子等活动,教育学生要从小树立远大理想,明确学习目的,端正学习态度,珍惜学习时间,增强学习的自信心,培养独立学习的能力,提高学习效率。

此外,作为班主任还要开好家长会,定期进行家教指导,并有效地与学校、家庭、社会进行沟通,逐步形成教育合力,让班主任工作达到事半功倍的效果。

【解决效果】

通过我与学生们四年的努力,如今的六年四班,已经今非昔比。此时的班级,人人有事做,事事有人管,各项事务井井有条。早自习无人看管,学生到校后便会主动拿出卷子进行自主学习,迎接小升初;课堂上,学生们积极思考,踊跃发言,师生间会不时地碰撞出知识的火花;课间教室内安安静静,下棋的、读书的、编小说的,其乐融融……在最后的小升初考试中,我们班小段、思忆、大鹏以优异的成绩免费考进五中、七中、九中;晓晴、琪琪以精湛的技艺先后考进中央音乐学院附中和天津舞蹈学院;刘宛松以优异的成绩考进沈阳重点中学……在毕业汇报演出中,我班全体男生表演的"球操"和全体女生表演的舞蹈"水中花"博得了与座家长及师生的阵阵喝彩。六年四班终于崛起了,它带领着孩子们以最出色的表现圆满地结束了小学生活。

【总结与反思】

从六年四班崛起的案例中,我们可以肯定地说:班主任工作既是一门学问,又是一种艺术。作为学问,它需要我们不断地学习,学习教育理论,学习儿童心理学,学习专业研究……而作为一门艺术,它又要求我们要对工作充满激情,要保持一颗童心,要充满智慧,更要学会不断创新。由此,也引发了我对班主任工作的几点反思,愿与大家共勉:

1.班主任要努力改变自我。不管你接到了一个多么差的班,都不要怨天尤人,要多改变自己,以积极的角色适应环境,从而改善状况。

2.要坚持以人为本。记得魏书生老师曾经说过:"我们不能把学生当作没有思想、没有情感的被动的受管理者,而应该把他们当作有思想、有意志、有情感的主动发展的个体。成功管理的前提是尊重他们的意愿,尊重他们的人格,把他们当作实实在在的'人',而不是驯服物。"是的,只有我们坚持以人为本,尊重每一个学生,与他们平等对话,让每个人都参与到班级事务中来,才能圆满地完成班主任的工作。

3.要允许学生犯错,并教给学生改错的方法,给予充分的时间,耐心帮助、等待其改过自新。

4.科学管理班集体。我们要坚信:只有以科学化的方法和人性化的理念,配合社会的需求、学校的目标、家长的期望及学生的身心,来规划、推动、开展适当的措施,才能求得良好的教育效果,进而达成既定的教育目标。

5.要建立有效的沟通渠道。在班主任管理班级的过程中,不能孤军奋战,要采取各种方式积极与各科任老师、学校、家庭、社会沟通,形成教育合力,让班主任工作畅通无阻。

6. 班主任要学会创新。面对日新月异的社会，面对聪颖伶俐的新世纪儿童，作为班主任，肩上的责任很重，只有我们先成为创新型教师，才会培养出更多具有创新能力的接班人。

让贺卡不再哭泣

姜亚秋

【导语】

童心是多么无瑕，又是多么的敏感而脆弱，我们应该怎样精心呵护啊！这张带鱼刺的贺卡成了我的纪念，这里面深藏着一颗晶莹、纯真而又不可欺的童心，我特意把贺卡塑封后压在办公桌的玻璃下，让它时常提醒自己，鞭策自己……一张小小的贺卡表达的是学生对老师的尊敬、爱戴、感谢和信任。她传递的是人与人之间最纯洁的真情！我们的老师切莫将学生献给老师的最珍贵的礼物轻易地毁坏，轻易地伤害学生的情感，因为，珍惜学生的情谊就是珍惜自己作为教师的荣誉；珍惜它就等于珍视师生的情谊！所以将此案例拿出来与大家共同交流。

【案例现场】

在期末检测的前两天，第四节下课后，我正准备到办公室去，班上的彤彤悄悄地跟在我的后面，羞涩地递给我一张漂亮的贺卡，贺卡上写道："老师，祝您越来越漂亮！天天开心！"我高兴地说声："谢谢。"然后回到办公室，随手把它放在办公室桌子的上面，就到食堂吃饭去了。中午食堂吃鱼，我刚把饭吃完，准备回教室，督促学生值日，才走到半路，班长上气不接下气地跑来，告诉我："姜教师，彤彤在教室里使劲地哭，我们怎么劝也劝不住。"我听了满心疑惑：

"刚才好好的，怎么就哭了呢？"我心里嘀咕着，三步并作两步来到教室。

教室里的女同学都围在彤彤的座位旁劝着她，见我进来，叽叽喳喳的像小燕子似的跑到我跟前。只见彤彤脸上淌着一片泪水，两只肩膀一耸一耸，显然是哭得很伤心。教室里安静下来，她的哭泣声就越发清晰。"彤彤，怎么啦？"我来到她的身边小声地问道。听到我的问话，她显得更加伤心了，竟放声大哭起来，我越是追问，她的肩膀越耸得厉害。突然，我发现她的手臂下压着一张贺卡——那不是她刚才送给我的贺卡吗？怎么又回到了她的手里？而且上面还有一些鱼刺呢。彤彤到底因为什么哭呢？几个知情的同学把我叫到一边，告诉了我彤彤痛哭的原因：孩子们吃过午饭后正准备值日，经过我的办公室时，有个同学在办公室门前的垃圾桶捡到了这张贺卡，恰好被彤彤看见了。她以为是我扔掉的，抢过贺卡就跑到教室里大哭起来。她认为我看不起她的贺卡，把她的贺卡丢进了垃圾箱里。知道了原因后，我再三向她解释，可她还是哭个不停，也不肯把那张带有鱼刺的贺卡再送给我。此时，那一根根鱼刺就像一根根钢针扎在我的心上，让我痛不可忍。我知道，自己在无意中深深地伤害了一颗至真至纯的童心，我为自己的粗心和大意痛悔不已。带着懊悔的心情回到办公室，一会儿弄清了事情的真相：原来一位教师在我办公室吃饭时，顺手拿起了彤彤送给我的贺卡放鱼刺，吃完饭后，他就把带刺的贺卡丢进了垃圾桶。听到这里，我连忙跑进教室向彤彤说明了一切，她听后破涕为笑，并把那张带刺的贺卡重新送给了我……捧着这张失而复得的带刺的贺卡，我深深地感受到：童心多么无瑕，又是多么的敏感而脆弱，我们应该精心呵护啊！

【案例分析】

这张带鱼刺的贺卡成了我的纪念，这里面深藏着一颗晶莹、纯真而又不可欺的童心，我特意把贺卡塑封后压在办公桌的玻璃下，让她时常提醒自己，鞭策自己……每个老师都会收到很多学生的贺卡，这是再平常不过的事，可是"带鱼刺的贺卡"很可能只有一张。贺卡的根根鱼刺，刺激着每个我的神经：无意中伤害已使晶莹、纯真的童心不堪承受，更不敢想象故意伤害了，这也是这张贺卡给我的警示意义。

【解决策略】

1. 做事情不能带有随意性。比如学生送给老师的贺卡，看起来不起眼，可那里面珍藏着学生给予老师的那份情，那份爱。老师应像宝贝一样的爱惜它，珍惜它。放到自己、学生能够看得到的地方，经常看一看。修复学生那颗纯真的心！

2. 弄清事情的真相，和孩子解释清楚。孩子的心是纯真的。事情发生的那一晚，我久久没有睡着，当了老师那么多年，我第一次感受到老师的精神世界原来是那么富足！原来我在孩子的眼里那么伟大！那一刻，我哭了。二十几年的教师之路，终于让我悟出作为教师，要想成为学生心中的理想教师，就要不停地在自己和学生的心里播洒阳光，用充满阳光的心去拥抱生活，用充满阳光的心去品读每一位学生。那么，你就是孩子心目中的"天使"！

3. 处理问题的转变。评价者由教师转变为同学和被评价者个人，消除了学生的抵触心理。这种教育角色的转变很大程度上增强了学生的自我存在意识。也在某种程度上减轻了教师的压力。

4. 爱需要智慧。亲其师，才能信其道。富有智慧的师爱，一定能够充满阳光。

【解决效果】

通过老师的调查与解释，孩子那颗稚嫩的心终于得以安慰。童心多么无瑕，又是多么的敏感而脆弱，我们应该精心呵护！从那时起，班级及孩子不再怀疑老师,不再怀疑老师对他们的真爱! 将学生的爱珍藏在老师的心头,化作老师对学生的无尽的情! 让学生知道,让学生理解,让学生知道这是一个感恩的世界!

【总结与反思】

一张小小的贺卡表达的是学生对老师的尊敬、爱戴、感谢和信任。它传递的是人与人之间最纯洁的真情! 我们的老师切莫像那位随意把鱼刺放在贺卡(学生献给老师的最珍贵的礼物)上的老师那样,轻易地伤害学生的情感,因为,珍惜学生的情谊就是珍惜自己作为教师的荣誉。珍惜它就等于珍视师生的情谊!

"彩绘石蛋"的故事

于丽宏

【导语】

苏霍姆林斯基说,在每个孩子心中最隐秘的一角,都有一根独特的琴弦,拨动它就会发出特有的声响,要使孩子的心同教师讲的话发生共鸣,教师自身就需要同孩子的心弦对准音调。换言之,教师要时刻留意孩子的内心状态,了解孩子的心灵,从每个孩子的内心出发。

在教育的现实中,教师常常以自己的主观意识来判断孩子的行为,忽略了孩子的内心感受。在孩子心里,他心爱的玩具丢了,一朵喜欢的花枯萎了,就是天大的事,而这些事到了成年人那里,根本不足挂齿。苏霍姆林斯基告诉我们,孩子就是孩子,他们自有欢乐和痛苦的衡量的尺度。所以,面对孩子的痛苦,教师要学会站在他们的立场上敏锐地察觉,并表示出自己应有的同情和安慰。教育的艺术，首先在于要善于抚慰受伤的心灵。

【案例现场】

一年级上学期，在一节数学课上，平时上课就爱溜号的小宇总爱把手伸进书桌里，时不时地还会低头看几眼。凭感觉，我知道他的手里一定有东西。我走了过去，果然从他的书桌膛里搜出了一个画着五彩花纹的彩绘石蛋。为了不影响上课，我没说什么，把这个彩绘石蛋拿到了前面的讲桌上，用眼神示意小宇好好听课。

下课了，我看到小宇静静地低着头坐在座位上，眼里有了泪花。因为忙于批改课上习题，又要准备上第二节课，这件事没来得及处理。

第二天上午，当我有空闲想处理这件事时，在我讲台上的彩绘石蛋却怎么也找不到了。因为没有找到彩绘石头，我也就把这件事放在一边了，忙着班级日常的教育教学工作。

第三天放学时，小宇又走到我身边说："老师，能不能把石蛋还给我？"因为急着组织学生放学又找不到彩绘石蛋了，我随口说："以后再说！"明显地，小宇的眼里有了泪花。

接下来的日子，我也想把那个漂亮的彩绘石蛋早一点还给小宇，可是，在我的讲台上却怎么也找不到它了。我也是每天都想着找一找，问一问班级学生谁看到了，可是每天都忙，每时都忙，总是没有去找，没有去问，这件事就这样被我放下了。

小宇上课时更不用心听课了，作业更是马马虎虎，每次我找他谈作业和学习的事，他也总是不放在心上，期末考试也从期中的中等成绩下降到后几名。看到这样的成绩，我也总是在想：上课就知道玩，就不爱学习！

可是，看到发成绩时小宇落寞的神情，我知道，孩子是在为学习成绩不好而难过，我决定抓住这个契机好好教育教育他。当我把他领到办公室时，小宇的第一句话就是："老师，我想妈妈，我也想我的彩绘石蛋，那是妈妈去新加坡之前送给我的礼物。"说着，孩子的泪花又在眼里闪动。那一刻，我知道了，自己对"彩绘石蛋事件"的漠视的做法是怎样伤害了这颗小小的心灵。新接这个一年级的班时，小宇的姥姥就和我说了，小宇的妈妈去新加坡工作两年了，小宇由姥姥带着。这个彩绘石蛋既然是小宇妈妈临走时送他的礼物，那么小宇一定把对妈妈的思念都寄托在了这小小的彩绘石蛋上了，我想起了小宇第一次为这彩绘石蛋留眼泪的情景……想到这，我的心里立刻充满了内疚。作为一名教师，我没做到时刻留意孩子的内心状态，最重要的是我没有及时关注孩子的悲伤、忧愁和痛苦。现在，我理解了小宇内心的痛苦和感受。我把小宇轻轻抱在怀里，说："小宇，老师一定会把那美丽的彩绘石蛋帮你找到的！"

可是，我找不到了。翻遍了办公桌的上上下下，里里外外，就是不见那美丽的彩绘石蛋。我也想着去花鸟鱼市场给他再买一个彩绘石蛋，可我又想不起那是什么样的花纹，什么样的图案了。就这样，整整一个寒假，一个美丽的彩绘石蛋，一个孩子落寞的眼神，成了我心中的隐痛。

【案例分析】

小宇的这个"彩绘石蛋"代表着妈妈，象征着母爱。可作为老师的我忙于各种事物中，没能及时处理这件事，忽略了这个孩子独特的生活境遇，也就是忽略了孩子独特的内心感受，没能及时关注到孩子内心的痛苦，从而深深地伤害了孩子的心灵。孩子落寞的眼神，孩子学习成绩的下降，都是这种伤害造成的后果。

【解决策略】

1. 通过家访，让孩子的亲人们多多关心孩子，缓解孩子内心对母亲的思念。

2. 作为班主任老师，面对远离母爱的孩子，应给予他们更多细心的关怀和爱，呵护他们敏感的，需要安慰的心灵。

3. 想方设法，找到"彩绘石蛋"，抚平孩子内心的伤痛。"彩绘石蛋"在小宇的心中，代表着妈妈的爱，这是个无可替代的"彩绘石蛋"，应该为他找回这份"母爱"。

4. 联系小宇的妈妈，让远在国外的她通过各种方式常和孩子取得沟通交流，把母爱用不同的形式传递给孩子。在六七岁孩子的心中，母爱是无可替代的，从"彩绘石蛋"的故事中，我感受到了一个孩子想念妈妈，渴望母爱的心理。

【解决效果】

为了让小宇的眼神不再落寞，我来到了小宇的姥姥的家，和姥姥谈了这件事，姥姥说她一定会给小宇更多的关心和爱，让孩子快乐成长的。我又通过姥姥联系到了小宇远在国外的妈妈，小宇妈妈说过年时要回国。听了这个消息我非常高兴，我和小宇的妈妈相约，她回国后，一定要找到一个同样的彩绘石蛋送给小宇，以弥补孩子心灵的创伤。现在，让我略感欣慰，小宇的妈妈已经回国过年来了，我们见了面，一起谈了这件事情，在我的决意下，也买了一个同样的彩绘石蛋送给了小宇，看到孩子捧着彩绘石蛋，依偎在妈妈怀抱里幸福地笑容，我也如释重负地笑了。

【总结与反思】

有人说，世界上最易碎的不是瓷器，而是人的心灵，尤其是孩子的心灵。孩子的心灵是最敏感的！作为教师，要像对待玫瑰花瓣上的露珠一样，呵护孩子敏感的心灵。只是，在这个问题上，我们教师却常常犯一些错误，尽管有时候这种错误并不那么明显。

对教师来说，时刻留意孩子的内心状态，最主要的是首先看到孩子的悲伤、忧愁和痛苦。教育艺术的基础在于，教师怎样看待孩子的痛苦，教师能够在多大程度上理解和感觉孩子的痛苦感受。让我们记住教育大师的话：孩子就是孩子，他们自有欢乐和痛苦的衡量的尺度。所以，面对孩子的痛苦，教师要学会站在他们的立场上敏锐地察觉，并表达出自己应有的同情和安慰。教育的艺术，首先在于要善于抚慰受伤的心灵。

老师，求求你别再表扬我

丑亚男

【导语】

喜欢看范伟的电影，尤其是那部《求求你，表扬我》，至今印象深刻。剧中的范伟，为了求得别人的表扬，他想方设法证明事实的真相。在素质教育的今天，在学生的教育上，我们也大力提倡以赏识教育为主，面对着形形色色的学生，我们班主任会在平时的工作中，尽量捕捉学生们身上的"闪光点"，并通过自己的表扬，激励学生。却不知，在我们不绝于耳的表扬声中，也会给学生带去学习生活上的困扰，从而影响了学生们的正常生活。

【案例现场】

那是四年级我刚接新班的第一次升旗，由于学校要求学生穿校服，而且和班级评比挂钩。所以，我在周五放学前，特意强调了服装的事。周一早上，居然还是有学生忘记了。正在我生气的时候，子新走进了班级。她身上穿着干净的校服，手里却还拎了一套。开始我以为她是从收发室帮同学捎回来的，仔

小学班主任成功案例集萃

细问过之后才知道,原来,她是怕有人没穿,特意从家里又多带了一套。(注:每个学生有夏、秋两套校服)

询问原因之后,我的脸色由阴转晴。升旗结束回到班级,我在总结升旗情况时,差不多用了五分钟的时间来表扬子新。说她懂事,时刻把班级放在心上,而且还乐于助人等等。总之,能挨上边的表扬词,我统统说了一遍,也是想趁这个机会,教育一下这群孩子,想以她为榜样,以后好开展班级工作。

从那以后,她更关心班级了。扫除的时候,主动献上洗衣粉;洗碗的时候,从家里拿来洗洁精;班级没有人扫地,即使主动留下来好几个学生,我也会以她为例来表扬。那段时间里,她几乎天天都会成为我表扬的对象。为了鼓励她,我在开学后的半个月后,还让她担任了班级的劳动委员。

大约一个月后的一个中午,教室里的学生们都出去了,只有她一个人留在班级。

"丑老师,我想和你说件事。"她的声音小小的。

"怎么了,子新?什么事,说吧!"我停下手中批作业的笔。

"您以后能不再表扬我了吗?无论我为班级做什么好事,您都不要再表扬我了。还有,劳动委员我也不想当了,行吗?"她的声音更小了。

我很诧异,没想到她会和我说这些,十分不解,问道:"怎么,是不是当劳委太累了,少了许多出去玩的时间呀?"

"不是的,丑老师,您千万别误会。"她马上说,"我即使不当劳委,以后还会积极为班级做贡献的。您不知道,因为您总表扬我,我的几个好朋友都不和我玩了。还有的同学说,我的成绩在班级并不突出,根本不够当班干部的资格,是因为给班级献东西,才换来这个班干部的。我不想失去好朋友,也不想成为同学们眼中的"另类"。丑老师,您能答应我这个请求吗?"说完,她的眼泪刷地一下流了出来。

看着她脸上恳求的神色，望着她晶莹的泪滴，我的心里猛地一震。原本，我是为了鼓励她，树她为榜样，却没有想到，自己这种无节制的表扬，却给她带去了那么大的困扰。

【案例分析】

我知道，因为我考虑得不周全，只求开展好自己的工作，却忽略了自己一味表扬的行为，对她产生了负面影响。为了能够减轻她的心理负担，让她真正放下包袱，快乐地在班级里学习成长，更好地完成劳委的工作，我和子新约定：给我一个月的时间，如果我能让同学们欣然地接受她，并且认可她的能力，让她重新走进好朋友的圈子，她就继续担任这个职务。否则，我就答应她的请求。

我觉得，因为我过度的表扬，使周围的孩子对子新产生了嫉妒心理，要知道，他们是小孩子，对于老师"特殊关照"的同学，不自然地产生敌意是多么正常呀，因此，才会导致同学们在背后议论她，好朋友都远离了她。

【解决策略】

于是，从那天起，我把眼光放在了更多的孩子身上，其实，子新做的好事，别的孩子也会做，我就趁机表扬另外一些孩子，特别是她的那几个好朋友，我在生活中格外留意。渐渐地，我发现，当我的表扬扩大范围之后，不同层面的学生都会得到表扬，更多的学生心理得到了满足，产生了欣慰、幸福的内心体验，子新不再成为班级里其他孩子关注的焦点。奇迹产生了，关心班级的孩子越来越多，她们的关系反倒越来越融洽了。

接着，为了提高子新在班级的威信，我在私下里教给她许多管理班级卫生的"绝招"，再加上她劳委工作认真负责，班级里连续三周获得了全校的卫生标兵班，这是从前从未有过的成绩。

接着,我让另外两个班长也积极配合子新的工作,做她强大的后盾,在卫生方面发生问题时,三个人一起来解决,改变了子新原来"孤军作战"的局面。

最后,我在班级召开了一个班会,题目就定为:做最优秀的自己。我引导全班同学,每个人都发现自己的优点,要学会自我赏识,自信地面对平日里的学习和生活,不要拿自己的缺点和别人的优点比,从而产生嫉妒心理,同时,当发现别人的优点时,要学会肯定对方,并善于把别人某方面的成功当作自己前进的目标,让自己变得更加优秀!

【解决效果】

一个月过去了,子新主动找到了我,说要继续担任这个职务。看着她开心的笑脸,我知道,我成功了,她也成功了。这段时间里,班级的凝聚力明显增强了,同学们互相帮助,已经成为了一种习惯。那个学期末,由于班级卫生和纪律两方面在学校都特别突出,我们四、四班被评为"吉林市优秀少先中队"。这种双赢的结果,不仅是为人师,更准确地说,是一个育人者智慧的结晶,更多的,是一颗颗晶莹剔透的童心在成长的过程中,碰撞出的爱与美的火花。

正如德国教育学家雅斯贝所言,一方面,"爱的施与"对教师来说,"达到自我升华",另一方面,"爱在彼此存在中实现,一个真实的自我和另一个真实的自我表现在彼此互爱中联系起来,这样,一切事物才能存在光辉中敞亮。

【总结与反思】

记得赏识教育的提出者周弘曾经说过:"没有赏识就没有教育。人性中最本质的需求是渴望得到尊重与欣赏。"教育需要赏识。在新课改背景下,我们提倡尊重、欣赏学生,激发鼓励学生,于是我们听到了不绝于耳的表扬之声。

学生的成长固然离不开教师的激发鼓励，对学生适当的表扬也必不可少。只是，我们教师在表扬学生的同时，一定要考虑到学生自身的感受。

另外，赏识学生要讲究一定的方法。我们在赞美学生的时候，应该注意要中肯、适度，不过分夸大，也不无端缩小；要有分析地表扬，不能太笼统，要让他们清楚老师表扬的是哪一点，为什么受到表扬；要注意时间、场合，根据学生的个性和年龄特点，宜及时讲的及时讲，宜阶段讲的阶段讲，宜当面表扬的当面表扬，宜采用暗示的就采用暗示。过度的表扬，会失去表扬应有的激励效果，事实往往会偏离我们预期的结果，如果表扬成了学生的负担，反而不利于学生的健康发展。因此，我们的表扬，要适当、适度，感动学生的同时，也能催人奋进！

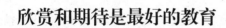

欣赏和期待是最好的教育

丛秀珍

【导语】

有一句话这样说："欣赏一个人就是对他最好的赞美"。我们也有这样的感觉：你不见得喜欢你所欣赏的人，但你一定会喜欢赏识你的人。欣赏自己的学生，是每位老师必须具有的良好师德。在这种欣赏的感召力量之下，会转变很多被认为已经无药可救的学生，这正切合了我们老师的天职——"人类心灵的工程师"。

【案例现场】

2006级学生在二年级时，班级有一个叫温镇博（化名）的学生。他常常因为课堂纪律和学习问题被老师批评。因为总是后进生，所以有些学生和老师对他心生厌烦,每天的小插曲接连不断,让老师很头疼,感觉管这一个学生比管四五十人还累。家长对老师的教育方式很不理解,心中对老师的辛苦不仅不领情,还一怒之下将孩子转到别的小学。一年后,该生又重新回到学校降级就读。在重新插班的前两三个学期里,小偷小摸现象时有发生,学生天天打小报告;丢落作业现象严重,科任老师常常向班主任老师告状;个人卫生习惯不堪一提,桌堂内常有小食品口袋,凳子底下废纸团常见,让班主任老师闹心了很长一段时间。

有一天,又有班级同学来告状,说温镇博偷喝了他的酸奶。正值上课伊始,老师叫起温镇博:"宋雨轩说你偷喝了他的酸奶,有这回事吗?"温镇博辩解道:"老师我没有……"还没等他说完,同学就揭发道:"老师,他下巴颏上还有酸奶呢!衣服上也淌了!"在事实面前,温镇博脸红脖子粗,再也没话说了。

【案例分析】

对于温镇博而言,家庭教育的缩影在他身上很明显。每个孩子一出生,他第一个面对的就是他人生中第一所学校——家庭。每位父母教育孩子的方式各有不同,所以造就班级中形形色色的孩子。有的家庭父母知书达理,老人在教育孩子的问题上与父母能达成一致,所以孩子自懂事起,就养成了良好的生活习惯。这样的孩子在上小学后,往往是成为班级中的优秀学生,对老师提出的班级约定和制度规则能很快适应并做得很出色。对另外一种类型的孩子,由于老人过于干涉,"隔辈亲"的现象尤为严重。老人对父母教育孩子会横加干涉,一味偏袒娇惯,所以造成孩子自理能力严重低弱,行为习惯散漫随便。在自己家庭的小圈子里根本对比不出来差异,但孩子一旦上小学,踏入正轨的学习途径,这种落差就会相差悬殊。家长配合好的学生需要几个学期才能改正过来;对于那些父母疏于管理的学生,有可能整个小学阶段甚至在他今后的人生道路都会一塌糊涂。

【解决策略】

1.组织班委会成员开会,将该生存在问题的原因分析给班委会成员,并在班委会成员中寻求一名能主动要求和该生同桌的学生,协助督促该生早日养成良好的卫生习惯。让班委会成员带头在班级形成一种正确看待该生的舆论,为同学做榜样。

2.由老师和班委会成员精心策划一节班会,将该生最近违犯的一些问题拿到班会上分析原因,对照班级规章制度和学校的规章制度,一一帮助他查找错误的来源,让该生从内心铭记在班级和家中是不一样的,班有班规,校有校规,都是要学会遵守和执行的。老师和同学要从分析问题和讲解的角度出发,而不是将班会开成一节批斗会。虽然对该生指明错误,又让他保留脸面,留出期待的余地,让该生感觉在这个集体中有归属感和尊重感。老师和同学们每人从该生身上发掘一个优点,在班会上传达给他,使他在同学中有人格尊严,一点一点找回做老师和同学欢迎的个人形象。

3.积极和家长沟通。尤其是对该生的姥姥,老师说话时的语调和表情,都尽量传达出一种信任和欣赏,让老人的耳朵里听进去一些让她感觉舒服的话语,如"孩子最近进步很大,家长要及时鼓励,争取更好!""今天孩子上课发言了,老师感到很惊喜,没想到他也能认真动脑筋思考问题,多好啊!""今天的作业孩子上交很及时,对孩子和家长都提出表扬,希望再接再厉!"等等。家长耳边少了老师絮絮叨叨的数落,了解的是孩子更多不断进步的信息,家长配合老师的积极性也增高了,对尽快改变该生起了推波助澜的作用,这样老师和家长之间很快建立起一种信赖和尊重。对孩子犯的错误,老师也要半开玩笑半责怪地传达给家长,如:"这小子今天上课

小学班主任成功案例集萃

开小差，和同桌唠嗑，不好好听课，老师提问一问三不知，回家家长要好好批评批评他。""今天作业上交不及时，孩子说落家里了，有可能是孩子撒谎没写作业，家长回家帮老师盯紧一点。"这样一来，同样是批评的话语，但家长从内心感到老师是实实在在关心孩子，能及时发现孩子的缺点，因而对老师心生感激，学校与家庭的沟通就不存在分歧了。

4. 让孩子感到老师和同学对他的包容，每天在适当的时候送他一句恰当的表扬，让该生感觉自己每天都在进步。即便有违纪扣分现象，老师在班级要正面批评，使其明白给班级扣分是在给班级抹黑，是在抹杀老师和同学一周以来的辛苦，让其产生内疚感。在这种内疚感的驱使下，约束其再违反纪律的现象发生。

【解决效果】

经过三个学期的转变，该生有了明显的变化。心中被原有的顽劣蒙蔽的善良本性逐渐凸显出来：古道热肠，关心班集体，心地宽厚，单纯善良，善于调节同学中的矛盾。从原来老师和同学都讨厌的"烦人精"，蜕变成人人喜欢的小胖子。运动会上，家长积极为班级每一位同学捐献一顶遮阳帽，为运动会的班级队列增添飒爽英姿；夏令营班级举行冷餐会，家长热心送来学生喜欢吃的菜肴，为夏令营增添不少欢声笑语；该生因在校园活动出现意外导致骨折，家长也丝毫没有将责任往学校和老师身上推，而是通情达理地自己领着孩子看病……孩子的姥姥由原来的不放心，天天都要到学校看望孩子，逐渐变成姥姥偶尔会在放学队伍里出现，就是为和老师唠唠嗑……姥姥开始放手让孩子妈妈管孩子了。在班级温镇博周围有一群"小哥们"，有好吃的大家分着吃，值日时大家一起帮忙。这一切，无论从家长到孩子，都是一个不小的转变。也许温镇博的学习因为腿伤耽搁了一个多学期的时间，成绩不很出色，但从做人这一方面, 该生注定以后会是一位谦谦君子了。

【总结与反思】

培根说:"欣赏者之中有朝霞、露珠和常年盛开的花朵,漠视者冰结心城,四海枯竭,丛山荒芜。"是啊,在一个人的成长旅途中,让我们心怀愉悦,快步前行的恰恰是那些鼓励和欣赏的话语;让我们精神振作,充满信心的也恰恰是旁人的一句赞许和肯定。恰当的批评和责怪虽然可以让人警醒,但是如果老师经常把学生批评得体无完肤,我们为师者,则送给了自己的学生一个冰雪和荒漠的世界。"赠人玫瑰,手有余香"。在欣赏和期待中,我们转变了一位学生,给他的心中送去温暖的阳光,照亮他今后的人生道路;同时,在学生的心中,铭记了老师的教诲,多年以后回想他的小学经历,仍心存温暖,这就是师恩。诚如爱默生所言:"人生最美丽的补偿之一,就是人们真诚地帮助了别人之后,同时也帮助了自己。"请您欣赏每一个学生吧,把人世间最美好的阳光遍洒教坛,让教育之林郁郁葱葱,生机盎然!

孤岛上的行军

唐德喜

【导语】

马英九在他的竞选演说中曾经说:"国家的首要职责,不是发展经济,不是强大军事,而是维护社会的公平和正义,保障社会弱势群体不被淘汰!此为国之根本!"

那么班主任工作中的重头戏又应该落脚在哪里?离异家庭的子女、留守儿童这些弱势群体,正在成为班级学生构成的重要组成部分。他们

小学班主任成功案例集萃

失去了父母的悉心呵护，虽然在遥远的地方会定时寄来生活的费用，吃喝不愁，但是情感上的荒芜，灵魂深处的爱的枯竭，正在使他们走向情感的荒园，精神的孤岛。

【案例现场】

这是一个离异家庭的孩子，同时也是一个留守儿童。从记事起就没有见过父亲的影子，母亲一直在南方工作。从姥姥去世的那天起，他的舅舅便承担起了对他的生活的照顾。然而，在"小升初"紧张复习的日子里，他的无故旷课、作业完不成……这一系列的现象，让我眉头紧锁。而真正走进他内心深处的，却是他留在考试卷中一封信和几条短信。下面让我们从几个截取的片段中走进他的心路历程：

片段一：

四年级对我来说是不平凡的一年。那时，我在班级里也算是前十名的。可是那一年姥姥的去世让我的天空一下子就黑暗起来，对什么都不感兴趣，从那时起我就开始不写作业。当时我没觉得这样做有什么不好，就"成功"地坚持着这个习惯，但是却惹来了家长的不满。妈妈去南方工作后，照顾我的任务就落在了大舅的身上。他是个粗人，不能辅导我学习。我一犯错误就打我，刚开始我妈坚持"棍棒底下出孝子"这句名言，说只要我一犯错误就打，所以我就不敢犯错误。由于姥姥去世后我一直不写数学作业，直到老师给大舅打电话，大舅又把我揍了一顿。

现在，在我的世界中，每个人都变了。大舅和舅妈感情出现了问题，老姨和舅妈的友谊也出现了问题，把我夹在中间，大舅现在也不管我了。妈妈也后悔让大舅看我了，现在每天晚上，老姨和老姨夫帮我整理作业，告诉我要有一个好的心态。

片段二：

注：只给唐老师看！

大舅和舅妈感情上出现了问题，舅妈说大舅在外面有了女人，把我妈给的生活费全部花在了那个女人的身上。我妈让我大舅给我报奥数班、作文班，但大舅不给我报。老姨曾对我说："你大舅现在就是一个想法：你少报一个班，他就多花点钱。"

他们都说，"这几天把心情调整好了，能考多少分就考多少。这些题全是奥数，不学课外根本不行，能考什么样就算什么样吧。"

片段三：

短信1：唐老师："我知道我考不上初中，所以请您不要再费心了。今天我没带作业，希望您不要生气，不要再管我了。"

短信2："求求你，唐老师，今天别让我听课了。"

【案例分析】

读了上面的文字，也许你和我一样，早已被这个尚且年幼的孩子负担着生活的重负的真实故事所深深感染，五味杂陈交织在每个倾听者的心中。这看似零散的文字却勾勒出一个心灵的天空弥漫的阴霾，让我们感受到那稚嫩的肩膀所不能承受之重。

本来，在这个如花的年纪里，每个孩子都有权利享受着无忧无虑的生活，在最烂漫的阳光下，自由自在地，任着性子地生长，享受童真岁月里的幸福。而在那封信里的一段"我在成长着，从那个青涩的小孩儿，到一个快是中学生的人。经历很多，也让我明白'我要一步步踏在泥土上，打上深深的脚印'"的文字，也让我们感受到了他正在人生的孤岛上艰难地行军。

抛开情感上的动容，冷静分析造成孩子现在状况的原因：

首先就是情感上的缺失。在他的情感发育当中，需要家人的关爱与滋润，一如花儿的绽放离不开阳光，离不开雨水的滋润一样。然而，冷酷的现实是父爱的空白，母爱的远离，舅舅亲情的冷漠与自私。

其次对于这个孩子来说，缺少生活的方向和前进的动力。路在何方，这对他来说是个绕不开的难题。虽然他在言语之中坚定着愿意一步步地走下去。可是，乏力的语言难掩的是内心深处无限的苍凉与迷茫。他不知道父亲在哪里，也不知道母亲什么时候能回来能与他一同生活，更不知道这个乱序的家庭什么时候才能走上正轨。而当他已经在这个"剪不断，理还乱"的千头万绪中无法自救时，困扰在生活的问题中无法自拔时，哪里来的心思去谈学习？

【解决策略】

一、理解在先。

面对此境此景的他，不需指责，不需要批判，给予他更多的理解与宽容是叩开心门的最好钥匙。最近一段日子里，已经数不清在课下找过他谈心多少次了。每一次对他的生活有新的了解时，我就会不失时机地与他聊天。我曾经对他说："孩子，你的妈妈想让你在小升初的考试当中获得免费生的机会。这对于现在的你来说，确实是个难题。我一定会和你的妈妈进行沟通，让她知道小升初考试的难度，同时也让她减轻你的压力，让你轻装上阵。但这并不意味着，离开了课外班的辅导，就一定没有任何机会了。在学校里，你还要认真扎实地完成好每一个知识点的学习，增加自己的底气，让自己更好、更从容地面对马上到来的挑战。"

看着他不住地点头，我想只有将心比心，站在他的立场去考虑问题，才能更好地使问题找到合理的解决途径。

二、沟通在心。

为了更好地转变他的心态，我和他远在杭州的妈妈几次长途通话。我针对现状，给他的妈妈提出了三点建议：一是不要给孩子太大的压力，尤其是对于现在的他，想要在小升初考试中达到免费的水平是不太可能的，要鼓励他尽其所能，做到最好；二是要给孩子生活的光明，要在最短的时间内作出选择和行动，是带孩子到南方一起生活，还是她回到东北重新发展；三是在尽可能调和家庭的关系，尽量给孩子一个和谐的生活环境。对于这三点建议，他的妈妈很是认可，面对我的真诚的建议，她愿意和我一起努力，共同教育好孩子。将心比心，我想自己出自于公心的爱，一定会感染他的妈妈。

三、恩威并施。

对于他在生活中遇到的困难，我尽自己所能来帮助他。但这并不意味着对他的放纵。一次，因为作业没有完成，他不愿意上学。当时舅舅出门，以为他上学了。我以为他生病，留在家里看病，没来得及通知我。直到我几次打电话，他舅舅才发现这个孩子一直在家里待着，根本没有上学。对于这件事，我严厉地批评了他。我对他说，在老师宽容与理解的同时，并没有放纵他的学习，更不会无视他无故不请假的旷课。面对我的批评，他低下头了，向我道歉。我知道，这种声音是真实的，是可信的。恩威并施，要用在当用处，要让他学会敬畏课堂、懂得知识的尊严和学校秩序的不容侵犯。

【解决效果】

这是一个正在进行时的案例，还没有确定性的结果。但是作为有着为师道义与操守的班主任，我愿意把这件事继续下去，愿意每天早给他发个短信，"文博，从家里出来了吧！希望我走进教室就看到你快乐的笑脸。加油啊，小帅哥！"；愿意和他一起手拉手，随便聊些轻松的话题，一起去上间操；愿意在放学前摸摸他的脑袋，嘱咐他回家要好好写作业，完不成会讨苦头的。

我想对每个人来说，幸福不需远行，就在身边。只要我的心中有爱，我就愿意点亮一个奇迹，为他平淡的生活渲染诗意，为他苍白的日子涂抹绮丽。

【总结与反思】

对于父母离异，又是留守儿童的孩子来说，日常生活和学习生活都是一个挑战。对于这样的弱势群体，我们理应有更好的气魄去面对，为他们做点什么，是道义使然，不容推辞，不容回避。

面对未来的路，作为这个案例中的主人公，他可能还会有更多的困难要去面对。反思这二十几天日子，伴随着对他了解的深入，我想这应该是见微知著，管中窥豹地了解了离异、留守带来的社会现象正在以不可阻挡的趋势走到台前，摆在我们的案头，迫切等待着我们去解决。以爱育爱，以情砺情，应该是以不变应万变，而最终获胜的法宝。

文字行走到此处，我的耳畔又想起了霍懋征老师那慈祥而温润的声音："爱是雨露，可以让枯草发芽；爱是阳光，可以让冰山融化；爱是神奇，可以化腐朽为力量。"

她应该在哪一组

关　颖

【导语】

自信是一个人走向成功必不可少的品质。而对于问题学生来说，他们往往缺少的就是自信。每个班级也都会有几名存在问题的学生，所以，帮助问题学生建立起自信，就成了我们教师教育好学生应具备的一种基本能力，也是提高全班教学质量，做好全班安定团结的关键环节之一。

【案例现场】

我班就有这样一名女同学——佳玉。学习对她来说很困难，不会听讲，不写作业，口齿不太伶俐，动作极慢。成绩更是上不来，在班级同学们都认为她是个"差"孩子。这个学期以来我以小组为单位，在班级里开展了许多活动，有"语文竞赛"、"写字比赛"、"写话角"，"评评谁做的好事多"、"比比体育谁最棒"、"看看谁是小巧手"等等。开展小组间的竞赛，既扩大了学生的参与面，又激发了学生的兴趣。每周全班评奖一次，得奖小组的同学可以来领红星和喜报。

同学们对她的歧视在一次活动中终于爆发了。口算比赛刚结束，我正准备颁奖盖"酷儿"时，王高手也不举，怒气冲冲地站起来，冲着我大声说："关老师，我觉得以小组为单位比赛，一点也不公平。我们组有佳玉，她每次比赛都拖我们组的后腿，害得我们总是得不到'酷儿'。"这组同学积极响应，都觉得王高说出了他们的心里话。顿时40多双眼睛都盯着我。"那你说佳玉该放在哪组呢？"我的话音刚落，教室里立刻热闹起来。第四小组组长马上站起来说:"关老师,反正她别到我们组,我们已经有刘越了,好不容易才能得到'酷儿'呢!"第三小组也不落后,"那也不能分到我们组,我们组有李蔓呢!"

好多同学都怕我把她分到自己的组里,争先恐后地站起来说理由。这时候,有个男生站起来说"要不,让她轮流吧!这样每组一个月轮一次。"这时候,我看见佳玉低着头,右手不停地捏着左手指,像是在等待着最后的判决。

我很为难,因为王佳玉实在是太差了,每节课的内容,几乎都没有掌握好,欠账太多了,总不能融入集体当中。从开学到现在,她没拿过一枚"酷儿"!看到其他组的"酷儿"牌得那么多,这组的同学可着急了。

"让她轮流吧。"我这样想着。不行,让她轮流了,以后同学们会更加瞧不起后进的同学了,这很不利于他们成长的。我看看全班同学,说:"我们一起来帮助她!这个星期我们就来评帮助奖,谁帮助佳玉,经我验收,她的确有进步了,你们俩人一个奖一枚'酷儿',你们看行不行?"教室里只有几个同学陆续说"行"。从大部分同学的目光中可以看出,他们对佳玉还表示怀疑。

【案例分析】

(一)自身因素

佳玉的思维能力、语言表达能力及空间想象力都是正常的,导致成绩低下的主要原因是学习习惯不好,对学习缺乏主动性。

(二)家庭因素

佳玉的父母长期在外打工,父母很少去关心孩子的学习和生活。她自幼跟随年过花甲的爷爷、奶奶居住。其爷爷本身行动不便,奶奶在家身兼数职,对孩子的教导有心无力,放任自流。因此,自觉性不强的佳玉慢慢染上很多坏习惯:懒散、无节制地看电视,不按时完成作业,撒谎等。

【解决策略】

我先选出几位优秀生,每一个学生帮助她一项。只要她稍有一点进步，哪怕是态度上积极我都鼓励表扬她，今天说她字写得好看了，明天夸她字认识的多了，后天说她读课文有点感情了，只要发现能表扬的细节，我一个不放过，有时甚者要挖空心思想一想今天表扬她什么。就这样一周以后，我检查他们的教与学的情况，发现佳玉还真的进步了不少。

可是光表扬佳玉还不行，这些小老师的功劳不可磨灭。关键要保护好小老师的积极性，于是我当场发给这些"小老师"每人一枚"酷儿"。这大大激发了孩子们的积极性，互相帮助的念头在孩子们心中滋生，甚至还有的小朋友主动向我提出要帮助别的后进同学。

一个月过去了，班里又要进行各项比赛了。"我们把佳玉分到哪一组呢？"我问。"分到我们组吧，我教她，她写字比赛行的。""分到我们这儿，我们组有好几个同学都教过她。""关老师，还是让佳玉回到我们组吧。""好吧，我同意。"佳玉可高兴啦，她搬着凳子蹦蹦跳跳地回到了原来的座位。

【解决效果】

写字比赛开始了，同学们都认真地写了起来。再看王佳玉眼睛专注地盯着本子，眉头紧皱着，一副很努力的样子。我欣慰地想：这时同学们和她共同努力的结果啊！当我把2枚"酷儿"颁发给第三小组时，全班响起了一阵热烈的掌声，久久地回荡在教室上空，看着40双兴奋的眼睛，我为自己成功的教育感到欣慰。

【总结与反思】

帮助问题学生建立自信，是一个长期的过程，不能急于求成。因为问题学生出现问题也不是一日、一时，而是长期在不良的环境或是家长面对孩子错误时不当的处理方式，而出现的不健康或是不正常的行为。所以我们也要有打持久战的心理准备。我们在教育的过程中要善于发现任何有助于学生的方式、方法。我们在帮助问题学生的时候要根据他们的自身特点，有针对性地进行教育。

美国心理学家马斯洛曾把"尊重的需要"作为人的最基本的需要之一。他指出：自尊一旦受挫，就将使人产生自卑、较弱、无能的感受，使其失去信心，无所作为。只有自尊需要得到满足，才能产生最旺盛的创造力，实现自我，获得成功。因此我在教育实践中，尝试着充分尊重"差生"的自尊需要，肯定他们的优势，赞赏他们的成绩，收到了初步的成效。

经过这件事，我深深感到，尊重和赞赏在教育实践中对学生的激励作用。正如林肯所说："每个人都希望得到赞美。"确实，获得他人的赞赏与肯定，达到自我实现，是人们基本生活需要满足以后的精神上的一种高级需求。这种需求贯穿于人的整个生命过程。世界上许多卓有成就的人就是在追求社会肯定中获得成功的。实验心理学对酬谢和惩罚所做的研究表明：受到表扬后的行为，要比挨训后的行为更合理、更有效。真心诚意地赞扬对方，鼓励对方，自然而然地使对方显示出友好合作的态度，这就为矛盾的解决提供了心理契机。

其实，每个学生都是一朵含苞待放的蓓蕾，都有自己的"闪光点"，每一位学生都不想做差生。他们之所以"落后"一些，在某种意义上可以说是由于自尊需要没有得到老师的充分关注。教育专家韩凤珍说："所有难教育的孩子，都是失去自尊心的孩子。教育者要千方百计地保护孩子最宝贵的东西——自尊心。"心理健康教育的实践也证明：只有内心的需要得到满足，才能产生积极的情绪体验，才能积极自信地面对他人和社会。因此，我们要以此为契机，在教育中充分运用这一心理规律，积极地保护学生的自尊，给学生提供各种获得成功体验的光彩，发挥出自己的聪明才智，取得各种成就，为他们今后的人生创造辉煌成功奠定坚实的基础。

第三辑

保护自尊，教会宽容

侯秀云

【导语】

　　著名作家雨果说过："世界最广阔的是海洋，比海洋更广阔的是天空，比天空更广阔的是人的心灵。"作为教师对学生要宽容、豁达，教师要同情那些缺少天赋，在生理上有某些缺陷的或者成绩差，以及犯了错误的学生，用爱心去唤醒他们的上进心，自信心和自尊心，帮助他们清除自卑感，排除他们的烦恼和悲伤，用热情和温暖鼓励学生充满信心地学习和生活。每个人都有自尊，小学生的自尊更需要老师的保护，往往一件小事就可能伤害了孩子的自尊，会给孩子留下终生的遗憾。

【案例现场】

　　数学课刚上课，我让同学们打开课本准备做复习题，只听李想说："我的文具盒呢？"说着说着就哭了起来，一问才知她的铅笔盒找遍了书包和书桌堂都没有。这个文具盒可是她爸爸送给她的生日礼物，怎能不让她伤心呢？经了解，李想上节课还用了铅笔，周围的同学证明上节课都见过她的文具盒。这就说明文具盒是在下课时间搞丢的，短短的课间十分钟，文具盒就不翼而飞。

【案例分析】

三年级的孩子自控能力还比较弱，看见什么新奇的、自己没有的东西就想归为己有。上面的事实告诉我，我班的38个孩子中，有一个犯了错误。集体中发生这类事，是最棘手的，处理得当了就会"以点带面"收到事半功倍的教育效果，反之，处理不当，很容易伤害一部分孩子的自尊心。该怎么办呢？

【解决策略】

这时，教室里沉静极了，孩子们都瞪大眼睛看着我，生怕自己成了被怀疑的对象，又似乎想从我这里找到答案，从而洗刷自己的清白，放下心中的石头。

"大家把书包拿出来翻，看看是谁偷的？"调皮的杨帅杰在大声地提议。教室里顿时像水沸腾似的，同学们议论纷纷。"哗啦"一声，几乎所有的同学都把书包放在课桌上，有些同学还相互边翻检，边嘟嚷着："不是我拿的，不信随便翻。""快把书包放进去。"我急忙阻止大家。我意识到，这有损孩子自尊的做法决不能采用，退一步讲，即使当场从某个孩子的书包里查到了铅笔盒，那后果又会怎样呢？从此以后，这个孩子就会在全班同学面前自尊扫地，他会感到低人一等。而一个失去了自尊的孩子是很难教育好的呀！

于是，我环视了一下全班同学，深情地说："现在，老师的心里感到很难过，因为你们中间有一个孩子由于一时糊涂，做了一件不应该做的事。不过，我相信他一定会认识错误、改正错误的。"突然，一贯内向的周情情站了起来，只见她镇定地说："老师，我有一个提议，据我分析，短短的课间十分钟,这位同学既然想拿文具盒,她就不会放在教室里,这样做她也太傻了,她会不会把它扔到教室外边呢?"她的话音刚落,马上得到同学的一致首肯,教室里顿时又沸腾起来。好动的杨帅杰主动请缨,要求到教室外边搜寻。于是,几个同学一起到外边寻找,果真找到了李想的铅笔盒。同学们为能找到了失物和周倩倩高明的建议都高兴地跳起来。

这时,我发现周倩倩一脸苦笑,很不自然地和同学一起说笑,我的心里像被针扎了一样疼。莫非是她?如果是她,她还装模作样表现得如此镇定,是什么使她这样善于伪装?这时仿佛有一个声音在我耳边提醒我:冷静、谨慎,千万不能让孩子难堪,要给孩子创造一个宽容的氛围,主动认错的机会。同时,借此事教育孩子们学会宽容。我马上收回了停留在她身上的目光,等学生安静后,平静地说:"一个人的一生都会有做错事的时候,关键在于他是否能承认错误并改正错误。你们的家长、老师我们大人也会有做错事的时候。更何况你们还是孩子,怎么能不犯错呢?做错事只要敢于承认,就是一个勇敢而又诚实的人。"教室里静悄悄的,我的话深深地打动了孩子们的心,他们都抬起头激动地注视着我。周倩倩也偶尔微微地抬起头,可一接触到我充满期待的目光,红着脸又把头低下。

我知道她在犹豫,我必须耐心地等待。接着,我又说:"也许这个一时糊涂的孩子早已后悔了,也许此刻她正在进行激烈的思想斗争,但我们相信她一定能重新成为一个诚实的孩子。同学们,你们能原谅她,给她这样的机会吗?"孩子们异口同声地用稚嫩的声音回答:"能!"此时,只见她抬起头,含泪凝视着我,眼光中满含着悔恨、愧疚、不安……我接着说:"当着全班的同学认错是很困难的。我相信这位同学已经知错了。可是,她没有勇气站起来,是因为她不够信任我们的集体,能宽容她的错误。同学们你们能给他一些勇气吗?"顿时,教室里响起了热烈的掌声。这时,周倩倩红着脸站了起来,低声说:"老师,是我拿了李想的铅笔盒。"

【解决效果】

"啊……"全班同学都愣住了,紧接着教室里又响起更热烈的掌声。啊!糊涂的孩子终于清醒了,掌声说明孩子们也学会理解和宽容了,我成功了。我抑制不住内心的喜悦,激动地对同学们说:"孩子们,是因为你们的理解和宽容给了周倩倩战胜自己的勇气,我们的集体里又多了一个诚实的孩子!

【总结与反思】

苏霍姆林斯基说过:"把一个学生的缺点和毛病公诸于集体,是一种非常细致的事情,要很有分寸,讲究方法,要有很高的技巧。集体对于个人施加的影响应当是使学生认识自己,对自己负责。"

自尊心人皆有之,渴望得到尊重是人们的内心需求。尊重学生是教育成功的一把钥匙。即便是批评学生的错误和缺点,也要以尊重学生的人格为前提。这样有利于学生认识错误,改正缺点。因此,教师要设身处地地走近学生,把自己放在学生的位置上,尊重他们、信任他们,晓之以理、动之以情,促使学生把消极情绪转化为积极情绪,师生彼此在宽松和谐的气氛中才会缩小心灵之间的距离,最终才能收到良好的教育效果,特别是对待那些不良学生,如果我们不在他们幼小的心灵中消除不良行为的苗头,任其发展下去,必然导致从小到大,形成恶习,但是大张旗鼓地批评教育,处理不当,也会损害他们的自尊心,做出事与愿违、令人遗憾的事。

涓涓细流，那是雨、泪倾洒

石淑艳

【导语】

我们总能听到这样的评价：老师，就是个良心活，没有人能用秤来称，没有人能有尺来量，不能给老师一个几斤几两、多长多宽的定论。但作为教师我们自己心中总有一把这样的标尺在衡量着自己——那就是是否对得起自己的学生。用灿烂的微笑在第一缕晨光中迎来学生，在最后一抹晚霞中送走学生，每天自己在忙碌中、在耕耘中倾洒自己的汗水甚至泪水。对每一个孩子尤其家庭或孩子自身发生一点任何的变故时，敏感的我们更会在这时倾注我们更多的温情。为了让孩子感受到老师如母亲，为了让家长体味到老师如家人。

【案例现场】

那是在92年我教一年级的时候，班级男孩小祝的爸爸是一名警察，在执行任务时不幸光荣牺牲，家属都沉浸在悲痛欲绝之中，奶奶一下伤心过度病倒，妈妈还要提心吊胆照顾不知情的孩子，防备尚未抓捕的嫌疑人的随时伤害。这时的我不知能为孩子做点什么，家长决定不让孩子上学，在家轮流看护，这可是英雄留下的唯一命脉。结果几天下来孩子又哭又闹非要上学，最后拧不过孩子的家长带着一百个一万个不放心只好把他送到了学校。奶奶、妈妈、舅舅所有人的一再嘱咐，让我的压力大极了。我想，只要我倾尽全力一定会用我的臂膀保护好孩子，会的，我能做到！

【案例分析】

这是在我们教师生涯中很难遇到的艰巨任务，把孩子保护好，实际上是保护好全家现在十分伤痛、十分脆弱的内心。如果孩子再有任何一点的闪失，那这个家还将怎样继续他们的生活呢？所以任务之艰巨压力之大在当时的我真的难以承受。但当看到奶奶、妈妈及所有家人期盼的眼神时我还能说什么呢？那就只能采用死看死守了，但还不能让孩子有任何的察觉，也就是说在保护孩子的人身安全的同时还要保护好孩子的内心世界。因为孩子直至此刻还不知道爸爸牺牲的残酷现实。

【解决策略】

1. 首先在校领导的精密安排下，把门卫工作做得更严密，不允许任何陌生人进入，这在根源上最大限度地保障了孩子的人身安全。

2. 然后我采取了死看死守的策略。因为一年级是包班，数学语文都由我一人承担，所以每天的课节大约6节。下课了，在喘息的时候正好可以批改作业，但现在就别想让自己喘口气了，一下课就和孩子们一起到操场上做游戏。如果小祝上厕所我也跟着去，我是女生啊，就站在门口等着，等他一出来我还要装作悄然偶遇的样子，拉着他的小手快乐地回到班级。在每天放学的时候是我最提心吊胆的时候了，因为来接的家长特别多，我就总是紧紧地攥着他的小手，生怕任何人从我的手中拉走孩子，直到把孩子亲手交到家长的手中我的心才算放下。

3. 其次是保护好孩子的内心不受到任何一点的伤害、惊扰。几天过后为了不让孩子感到这段时间我俩过于的亲密。我就在班级说，这几天老师的脚不小心崴了一下，上下楼都不太方便，咱班的哪个男子汉愿意做老师的保护神下课就来陪着老师，扶着老师上下楼呢？看着男孩们如林的小手我此刻心中充满了温暖，我顺势拉住他的手说：好，那就你先来当我的保护神、我的护花使者吧。他顿时高兴得手舞足蹈,每节下课更是尽职尽责,这样合情合理的分秒不离,孩子没有感到一丝的不对劲。到专科课的时候我就坐在班级的后面,生怕有人在这时敲开教室的门。咳!可以说从走进校门的第一秒钟,我的神经就是紧绷得不能也不敢有一丝的松懈。

【解决效果】

还记得那是个雨天,小雨淅淅沥沥地一直下着。放学了,孩子们都已经被家长接走,只剩下我们两个。遇到家长有事晚来接的现象对于我们班主任来说是非常正常的。但他家在这半个月里没有一天晚来接的时候。雨正下着,我和孩子撑着伞在雨中翘首。我更在雨中四下环顾,因为……10分、20分、半小时时间在煎熬中滴答着。看着瑟缩的孩子,再看看街上渐少的行人我当即把孩子领回我家。那时还没有电话,我就给收发室的老师留了便条。当给孩子做好了饭正准备吃时,猛烈的敲门声让我心惊胆战。来人是小祝的所有家人,奶奶全身湿透,一进屋就紧紧地、紧紧地抱住我:孩子谢谢你,你看好了我们老祝家唯一的根啊。说完失声痛哭。"所有的家人都把我围住,感谢这半个月来的紧紧守护,家人的泪水、雨水混合着,那是怎样的语言能表达的感动。

原来,就在今天犯罪嫌疑人被成功抓获,他们刚刚从公安局回来。孩子安全了,家人安全了,不用再提心吊胆了,此时我却一下子感到瘫软,这段时间的心力交瘁让我疲惫不堪。心力交瘁也好,疲惫不堪也好,孩子总算平安无事,这就是我最大的收获。与此同时我还收获了无比珍贵的亲情,孩子经过这段时间分秒不离地对我的"守护",把我比作妈妈一样的疼爱珍惜,而小祝的家人能把孩子信任地交到我的手里,我也没有辱没使命,他们把我视为他们的家人。在此我收获了亲情,这是为师一生难

小学班主任成功案例集萃

得的一份厚礼!

【总结与反思】

说到总结,我只能说用我的真心去对待我的每一个孩子你总会换来你的最粲然的微笑,家长和孩子最粲然的微笑。其实我们老师也有家庭,也有这样或那样的沟沟坎坎,谁的一生能风平浪静呢? 当然我们都期许! 当我们的孩子、孩子的家庭在遇到沟沟坎坎的时候我们能尽我们的所能,倾尽我们的亲情,在这样的时候给予帮助真的是雪中送炭。所以让我们用我们的涓涓细流滋润孩子的心田吧! 你、我、我们的孩子都会收获那一弯最最清醇香浓的清泉!

最值钱的一枚SDK

王玉霞

【导语】

"教育的成功和失败,'我'是决定性因素,我个人采用的方法和每天的情绪是造成学习气氛和情境的主因,身为老师,我具有极大的力量能够让孩子们活得愉快或悲惨,我可以是制造痛苦的工具也可以是启发灵感的媒介,我能让人丢脸也能让人开心,能伤人也可以救人。"在班主任培训班上偶然看到这段话,细细品味起来更深深感到自己作为一名班主任肩上责任的重大。

【案例现场】

随着新学期的开始,我也理所当然地再一次成为了新一年的班主任。在和学前班老师交接班时,李老师很负责任地向我介绍了班级孩子的整体情况——聪明但很淘气。其中马艺洋、宋东濡等几名同学是全学年尽人皆知的、出名的淘气包。面对这几个按住葫芦按不住瓢的淘气包怎么办呢？我只好拿出了自己的看家本领，分小组评比，奖励SDK，而且在家长会上也和家长协商好了，如果孩子能得到十个SDK就能换得一张表扬卡，拿到这张表扬卡家长就会满足孩子的一个小愿望。开学一周了，这项工作做得很有成效，为了鼓励他们，除了几个天天惹祸的淘气包，其余的学生几乎每人都得到了一枚SDK，表现好的甚至得到了三枚。

有一天，我来得很早，可是大淘气包马艺洋却已经在教室里等我了。他看到我走进来，怯生生地走到我身边，问我："老师，我什么时候才能得到一枚SDK？"看着孩子那渴求的目光，我的心不禁为之一颤，当时我抚摸着他的小脑袋对他说："其实老师现在就想奖励给你一个，因为你想得到SDK就证明你很优秀，很有上进心呀，而且这几天你表现得一直很有进步，向老师告状说你打人的同学越来越少了，老师真喜欢你。"他当时有些不相信地问："真的吗？老师我真的能得到一枚SDK吗？"我肯定地对他说："当然了，快去拿本子，老师现在就给你粘贴上。"他兴奋地回到自己的座位上，双手把那个小本递到我的面前，我让他从众多的图案中选择一个他最喜欢的奖励给他，他毫不犹豫地选择了一个最简单的、最普通的小笑脸指给我，我惊奇的问他："最喜欢这个吗？为什么？"他的回答更是让我思索良久，他说："老师，你看这个笑脸虽然在这里最简单，可是你看它笑得多甜呀，我觉得有点像你，我数过了你总是不到三分钟就要对我们笑一次，要是妈妈还有同学也这样对我该多好呀。"听到孩子的话，我感受到了孩子渴望肯定的心情，也知道了老师的言行对孩子是多么的重要，我诚恳地对他说："马艺洋呀，要是你以后不欺负同学了，那么同学也会这样爱你呀，妈妈再不用为你操心了，也不用再因为你的淘气而向别人赔礼道歉了就会更爱你呀。他们也会像老师一样天天对你笑呀。""嗯！我知道了。"他回答的声音是那么小，似乎是对我的话将信将疑，又似乎是对自己的不信任。不过这一整天马艺洋表现得特别好，下课时帮我擦黑板，擦地板，扫地……看着那在他稚气的小手中显得很沉重的拖布东一下西一下地在地板上直画花时，我真的感动了。不敢相信这是一枚小小的SDK所起的作用。

　　放学时，当我送走了最后一个孩子正准备转身回教室时，马艺洋的妈妈从背后叫住了我："老师，马艺洋真的能得到SDK吗？"我同样用坚定的语气回答她："是啊，孩子这几天表现非常好，进步很大。"在我语音落下的同时我看到马艺洋妈妈深深向我鞠了一躬，我看到了她的泪水不自觉地流了下来，兴奋地说："谢谢老师，谢谢老师，孩子见到我的第一件事就是告诉我'妈，今天我得到SDK了。'我真不敢相信。是那么淘气，还能得到奖励，以前在别的家长面前我都不好意思抬头。"说着又转向马艺洋："儿子呀，妈妈今天太高兴了，以后争取再得呀。"

【案例分析】

　　每个孩子都有被肯定的渴望，每个孩子与生俱来的一种情感就是有在集体中表现得更好的欲望，只要我们老师能够及时发现他们身上的闪光点，善于捕捉那根能触动情感的琴弦，我们也就把握住了教育的契机。案例中的马艺洋不就是这样被点燃了向上的火花吗？

【解决策略】

　　目送他们母子俩离去的背影，我不禁泪水朦胧，思考着作为一名教师的职责，品味着当你成功地给了一个孩子和他的母亲以自信时的幸福，同时也感悟出了"老师，不要吝啬你的表扬"这句话的深刻含义。

【解决效果】

　　接下来的几天，我注意到马艺洋明显地变得安分了好多，上课特别愿意回答问题，而且我细心地观察到他特别爱护那个粘贴着SDK的小本，总是时不时地拿出来看一看，有时还轻轻地摸一摸。开学二十天后，我向学生发放了很多的SDK，在上周五开班会时，我好奇地让孩子打开他们的荣誉本，数一数自己的小奖章，我发现SDK在孩子们的本子上有的丢了，有的忘带了，有的弄皱了，可是马艺洋的那枚SDK却被精心地装裱了起来，小本子也包上了漂亮的外皮，显得那么清新，那么规整。我的心灵又一次受到了触动，我知道他比别的孩子更珍惜那枚SDK，于是我把第二枚SDK发给了他。

【总结与反思】

虽然不敢说马艺洋从此不再打人了，也不敢说他从此就不再犯错误了，但我觉得在我的手中那一枚微不足道的小小的SDK，在这里真正地发挥了它的作用，成为了最值钱的一枚SDK。它唤醒了一颗幼小的心灵，唤起了一个孩子的自信，也换回了妈妈对儿子的信任。我想如果马艺洋如果真的能从此坚持下去，他一定会成为一个有所作为的人，让我们一起期待着那一天。

名侦探"柯南"

金银萍

【导语】

　　小学阶段的学生大部分是有积极向上的进取心的，这与他们求知欲、自尊心和好胜心强是分不开的。但他们思考问题不周密，思想超前而行动滞后，不能控制自己，抗拒诱惑的能力较弱，凭冲动行事，事过之后又非常后悔。这一切都说明他们意志品质的发展还不成熟，自制力、控制力不强，因此在生活中难免要犯一些错误，犯错并不可怕，处理得当，会是孩子成长过程中的一笔财富。

【案例现场】

　　那天早上，学校要收伙食费、书本费以及信息费等总计280元，我害怕学生弄丢，匆匆吃过早饭后就回到班级，结果可能是人的第六感觉，害怕的事情终于发生了，一个小女孩，一直没有离开座位，钱放在笔袋里却像长了翅膀一样不翼而飞了。同学们非常惊诧，面面相觑。

【案例分析】

　　1. 在当今社会，独生子女与日俱增。"小皇帝"、"小公主"在家人的百般呵护下，心理上也形成了许多不可忽视的不良现象。现在独生子女的特点是比较主观，比较自我，不愿意承担责任，只求索取，不求奉献，只要自己喜欢的就想拥有，甚至为了达到自己的目的不择手段，否则就有太多的不满。

　　2. 现在的孩子自尊心比较强而心理承受能力又很弱，家长更不愿意接受孩子有任何瑕疵，在这种情况下，孩子身上出现问题，如果处理不好不但起不到教育效果，反而会引起矛盾，可能还会出现新的问题，这就得不偿失了。

【解决策略】

1. 追根溯源：我对同学说，今天某某同学的钱放在笔袋里不见了，她还没有离开座位，我相信这个钱谁都不会拿的，一定是掉在地上，因为用纸包着，所以你并没有注意，值日生同学马上行动再找找，其他同学也看看自己的地面。话音刚落，值日生马上去翻垃圾桶。清扫那组的女同学理直气壮地说没有看见，其他同学也没有什么新的发现。我一看这招失灵。

2. 另辟蹊径：接着来第二招，我对同学说："咱班同学愿意搞恶作剧的比较多，今天谁又搞恶作剧了，咱班同学马上看看自己的书包，说不定谁搞恶作剧拿了放在了你的书包里或者笔袋里，快去翻翻。"全班同学立刻行动，还是一无所获。

3. 雾里看花：我有些迷惑了，是不是丢失的孩子忘记带钱了。我马上拨通了家长的电话确认。家长肯定了，并且确实放在了孩子的笔袋里。这件事情严重了。班级一定出现了"小偷"，虽然只是一念之差，但是不及时引导将会埋下一颗定时炸弹，随时在班级都会爆炸。我环视了一下同学，想从表情上判断，但是没有发现任何蛛丝马迹。

4. 计上心头：看到书桌里的塑料袋，我灵机一动，道具有了。我立刻拿出书堂里的透明塑料袋（与警察破案时用来装证物的差不多），我对同学严肃地说："一会老师要把笔袋装在口袋里，拿到派出所做指纹鉴定，一旦验出来，性质比较严重，属于少年犯罪，你将失去了在学校学习的机会，去接受管教，但是老师不希望任何同学出现这样的错误。所以，老师再给同学一次机会，我把笔袋放在走廊的窗台上，一会儿每个同学到走廊里笔袋那站立半分钟，如果你拿了这份钱就直接放在笔袋里，拉上拉链，如果没有拿钱你千万不要碰笔袋，否则笔袋上就留下了你的指纹。"同学们瞪大眼睛，感到很惊诧。

5. 柳暗花明：同学们按着顺序一个一个间隔着去走廊，我观察每个孩子的动作和表情，一个小女孩进入我的视线，她的手紧紧地塞进袖口里，在走廊待的时间也比较长，我心中暗喜。不出所料，同学都回到座位后，我来到走廊，原本站立的笔袋已经躺在那里，我迅速拉开，钱褶褶皱皱地被塞在里面。我悬着的心终于落下了。然后我又引用因一念之差酿成大错的例子给同学以说服教育，同学因此给我起了个绰号"柯南"，这件事就这样也算画了一个圆满的句号。

【解决效果】

钱如数回来了，我也如释重负，在同学们的心中老师的威信更高了。孩子们开始欢呼雀跃，对我心服口服，真可谓众星捧月，高呼"柯南"。同学们不仅从心底认识到"顺手牵羊"的害处，同时对老师的破案能力也有所畏惧。相信他们以后抗拒诱惑的能力会有所增强。从这件事情来看，作为班主任教师要有耐心去引导学生，做好学生的思想教育工作，多给学生改过自新的机会，循循善诱地指导他们，让学生从根本上去改正错误。有时学生在你的教育下，就差一点点就完全改变，但你没有坚持，结果你输了，学生有可能因为你会输掉一辈子。因此，有时并不是你不会教育，而只是缺少一点耐心和坚持。只有耐心地解决生活中的每一件小事，良好的班风才能形成。

【总结与反思】

1. 280元对一个小学六年级的孩子来说绝不是一个小数字，却被人在很多同学的眼皮底下而明目张胆地拿走了。多年的教学经历告诉我这件事情很棘手，因为现在的孩子远不如想象得那么简单，他们比较自我，不敢也不愿意承担任何责任，处理不好，案子不能破反而助长了这个孩子的侥幸心理，同时也不能起到教育其他孩子的作用。

2. 现在的孩子心理比较脆弱，如果破了，也许会伤到孩子的自尊，从此在孩子心理上蒙上阴影，影响孩子以后的发展。为了稳定学生的情绪，我故作轻松地说："没事，丢不了，一定你自己放错地方了，好好找一找，我相信咱班同学。值日生同学有没有看见的？或者扫到垃圾桶里了？大家快看看！"说话间同学们陆续来到了教室，钱却杳无音信。我马上组织同学坐好。进行了我的破案三部曲。

巧妙处理，事半功倍

3. 根据孩子的现状，我层层深入，充分保护孩子的自尊心，虽然我的内心已经知道是谁，但是我们要允许孩子犯错，理解孩子的一念之差，我们的目的在于起到教育效果，而不是把孩子推向断头台。晚上，那个女孩给我发了一条信息承认错误，认识比较深刻，我们达到了教育的目的。在处理这件事情上，我充分尊重孩子，注意唤起她内心的人性，自己认识错误。为了避免同学之间互相猜疑而给孩子带来麻烦，我给孩子讲了很多做人的道理，孩子们心服口服，我也因此而得名"柯南"。

美丽的谎言

尚建梅

【导语】

有这样一句话: 善意的谎言是美丽的。如果我们说谎的目的是为了能给他人幸福和希望,那么,适度地扯一些小谎也是十分必要的。因为这时的谎言即变为理解、尊重和宽容,具有神奇的力量。

【案例现场】

小学低年级的孩子对班级评比时,在评比栏中给小红旗奖励特别感兴趣。因此,每当孩子们有一点点进步时,我都会在班级后面的评比栏中给他们粘贴小红旗作为奖励。得小红旗多的孩子,总是笑容满面的。

有一天,我发现我班的小宇同学,下课时总是望着评比栏沉默不语。我把她叫过来问:"小宇,能不能告诉尚老师,你为什么站在后面发呆啊?"

听了我的话,她几乎要哭了,用很小的声音说:"我在想,我什么时候能有作业写得好的小红旗啊? 我的字总是写不好。我……我,一个作业小红旗也没有啊! 同学们都笑话我了!"

听了小宇的话,我的心为之一颤,连忙摸摸她的小脸,鼓励她说:"孩子,不要着急,老师相信你,只要你按着字的要求,一笔一笔地用心写字,把每个字都写得横平竖直,干净整洁,不久的将来,你一定会有作业小红旗的。你有信心把字写好吗?""有!"小宇用极小的声音回答我。怎样才能让小宇的评比栏上也贴上一面作业小红旗呢? 我不禁陷入了沉思……

【案例分析】

小宇同学比班级其他孩子小一岁，性格大大咧咧的，做事不是很细心。因此，平时写字也不按着老师指导的笔画、笔顺认真去书写。她的铅笔尖经常弄断，写出来的字黑黑的、大大的，歪歪扭扭，一点也不工整。每次作业展览都选不上，也因此而得不到作业好的小红旗。我能感觉到她为此事很苦恼。

记得英国作家毛姆曾经说过："自尊心是一种美德，是使一个人不断向上发展的一种原动力。"教师应像珍惜和保护自己的自尊心一样，珍惜和保护好孩子们的自尊心，为他们营造一个有利于健康发展的良好心理氛围。

同生活在一个班级中，看着其他同学的小红旗在上升，自己一面也得不到，加上同学之间总在一起比小红旗的数量，小宇能不着急吗？小宇同学之所以特别想自己也有几面作业的小红旗，不正是孩子有上进心的表现吗？

这种情形如果时间长了，作业栏里一直没有小红旗，一定会成为小宇的一个心结；一定会让孩子产生自卑心理，在同学面前抬不起头；一定会影响孩子健康成长，从而伤害了孩子的自尊心。

不让学生的自尊心受到伤害，树立学生的自信心，是每个班主任义不容辞的责任！一定要让小宇和其他孩子一样，作业栏里也有小红旗！给孩子创造一个机会，满足孩子的这个愿望！

【解决策略】

怎样才能让小宇作业评比栏里也粘贴上小红旗呢？我思考了一整天，最后采取了以下方法：

1. 放学送队时，我把小宇的妈妈叫到一边对她说："小宇上进心很

小学班主任成功案例集萃

强, 是一个好孩子。可是她岁数小, 动手能力不强, 今天晚上, 你帮助她把每一个生字都力求写得工工整整、干干净净的, 明天我要奖励她一面作业小红旗, 并和她说了小宇的表现。小宇的妈妈连声说谢谢, 并保证完成我交给的任务。

2. 第二天检查作业时, 我发现小宇的作业比以往写得工整、干净了许多。

于是, 我在小宇的作业本上打了一个大大的、红红的 "优+A"。

3. 上课时, 我在全班同学面前表扬了小宇的作业书写整洁, 字迹美观, 是全班作业写得最棒的, 奖励她一面小红旗。此时, 看着小宇那张稚嫩的脸露出了惊异与高兴。我真不知道自己这样做对不对。因为她的作业本上留下了重重的橡皮擦过的痕迹。字的每一个笔画都难免僵硬、古板、像火柴棍一样。但这一整天, 我发现小宇变了, 高兴得像个幸福的小公主, 上课高举小手, 下课和同学们在操场上高兴地嬉戏……

【解决效果】

晚上放学, 我刚把孩子们送到大门口, 只见小宇像小燕子似的飞到妈妈的怀里, 大声说: "妈妈, 妈妈, 我也有作业小红旗啦! "

第二天早上, 小宇的妈妈告诉我, 孩子回家把这件事告诉家里的每一个人, 晚上写作业时特别认真。哪个字不美就自己擦了重写, 昨天晚上的作业重新写了五遍, 非常感谢我给孩子的鼓励! 听了家长的话, 我庆幸自己的 "谎" 撒对了。

从此以后, 只要小宇的字写工整、干净, 我就会给她贴一面小红旗。经过一个月的激励, 小宇的字有明显进步! 在班级课堂练习写字, 也知道认真书写了! 看来激励的作用还真大啊!

工作20多年,我在学生身上说了多少次类似的"谎",我已经记不清了。但我却真切地看到了我的一句句善意的、美丽的谎言,给每个学生都带来了自信,使他们尝到了成功的喜悦。我也深深地知道,在每个人的内心深处,都希望得到别人的肯定,都渴望得到别人的认可。为了帮助孩子们找到成功者的感觉,感受成功的喜悦,积淀成功的信心,鼓励个性的发展,我们何不说几句美丽的谎言来激励孩子们呢?

你是老师心里永远的痛

王玉霞

【导语】

今年是我上班的第十五个年头,每当我回忆起十年前第一次当50人的普通班的班主任时,件件往事总是那么清晰而幸福地回映在眼前。那时工作虽然辛劳但我却乐在其中,可是一件曾让我一直"自以为豪"的事情,在接班的一个学期之后的一个偶然的机会却引起了我深深的思考。

【案例现场】

记得那是新生入学的第一个学期,恰逢学校开展"大手拉小手——爱心救助活动"(即一个教师负责帮扶一个学生)的开始,因为刚刚接班对学生的家境情况只是初步了解,但细心的我在期初收费时无意中注意到了两个特困证。不知为什么这两个特困证就像影子一样一直在我的脑海中浮现。

后来经过家访得知,学生A的父母都是残疾,毫无家庭收入,相当困难;学生B父母离婚,由不上班的爸爸抚养。所以一得知学校要开展这次活动的消息,

小学班主任成功案例集萃

我便喜出望外地跑上跑下，到主任那里申请了两个帮扶名额。很庆幸的是我反映的情况得到了校长及主管主任的重视和大力支持，鉴于我已帮扶一个听力有障碍的儿童，所以校长和主任都亲自提出要分别帮扶这两个有困难的学生。当时作为班主任，我对校领导的举动感激涕零，更为这两个学生遇到了这样好的校领导而感到庆幸。我甚至想到了孩子们得到资助后的那种快乐的笑脸。

在接下来的一学期的学习生活中，校长和主任多次询问并帮助孩子的学习，尤其是快到期末即元旦将要来临时，校长和主任又一次慷慨解囊为学生买来了衣服、玩具、鞋等很多物品，从学生A的家长那满面泪水中我知道了那是感激的甘露。然而事情并没有因此而停止，在第二学期开学初的第一天，受帮助的学生B的母亲来到学校要为学生转学，当时我很是诧异，不花钱上一个这样好的学校，老师和校领导又都是这样格外的关爱和照顾她，她又为什么要转学呢？孩子母亲所说的"接送不方便"是真正的原因吗？带着这样的疑问，我和这位家长做了一次倾心的交谈，经过一番长谈我才知道了一个让我意想不到的甚至可以说是一个让我吃惊的结果。学生的妈妈说："孩子回家说：'妈，我是班级的特困生，校长都给我买东西了。好像我是我班最穷的了。'孩子说这话时眼里含着泪，我这个做妈妈的感觉孩子对这件事挺有压力的，我怕她就此产生一种自卑感。我知道老师您是一片好心，其实我挺感谢学校的。"听到此话我犹如五雷轰顶，我一心想着怎样让我的学生学得开心，生活得快乐，没想到我的所作所为却只从外观上解决了她的生活难题，却忽视了学生心理与精神上的感受，我一下子意识到自己作为一名教师的失职和不可饶恕的疏忽。于是，我马上和这位家长商讨了一个方案，由我和这名学生进行沟通，让她知道老师从没在其他同学的面前说过"特困生"这个词，还有正是因为老师和校长都很喜欢她，才这么做，这是对她的鼓励，而不是扶贫……

可是我的一切努力终究没有挽留住这个学生，第二个周一，我再也没见到这个孩子的身影,我班的学生总数也由当初的50人变成了49人,至今我的抽屉里还留有学生B当初没有带走的作业本,至今我也还对自己做事考虑的不周而感到自责,真希望有一天能再次见到这个学生,告诉她老师无心伤害你,老师和同学会永远欢迎你回来的。

【案例分析】

孩子的心是脆弱的,是易受伤的,我们小学老师号称是人类灵魂的工程师,那么我们在处理每一件小事的时候,都应该把自己换位到孩子的角色,多想想,注意保护好孩子的天真,维护好孩子的自尊,学会爱与被爱,也是一门艺术。让孩子体会我们对她的爱,这同样是一门艺术。

【解决策略】

虽然孩子转学走了,但是家长和我一直保持着紧密的联系,我的关心和指导一直伴着孩子长大。

【解决效果】

十年过去了,很欣喜的得知这个孩子最后考入了理想的高中,在去年教师节她写给我的一封信中提到,在她小升初的作文考试中她写的就是《一名最爱她的老师》,我知道她长大后内心已感受到了我浓浓的爱意,我也深深地体会到了孩子当时脆弱的情怀。

【总结与反思】

细节决定成败,尤其是我们小学班主任,正是塑造儿童健全人格的起点,我们更应该时刻注意保护那颗易受伤的童心,把爱的种子真正植入孩子的心田里。

让爱回归

——父母离异后亲子关系修复的个案研究

公维忠

【导语】

作为班主任，接到学生家长的电话是很平常的事，但这个电话却并不寻常。来电者是我新接的这个班里小明的母亲，她与丈夫离婚，孩子判给丈夫。如今丈夫心存怨气，对孩子的态度冷淡，管教粗暴，并禁止孩子与她联系往来。孩子为此深感苦恼，最近无心学习，忧心忡忡。她很为孩子的处境担忧，因此向我寻求援助。

【案例现场】

"请帮帮我的孩子，老师！"

电话那头，一位母亲泣不成声地打来求助电话。通过她的描述我了解到：原来来电者是班中小明的母亲，她于2010年与小明的父亲离了婚，孩子小明判给丈夫抚养。刚开始，小明的父亲觉得父母离婚伤及孩子，心存愧疚，因此对孩子倍加呵护，照顾周到。但当他得知小明对自己隐瞒了其母当年的一些不当行为后，则把离婚罪责推到孩子身上，心情不好时，就拿孩子出气。现在，如果小明与母亲联系，他就会大发雷霆，甚至呵斥小明滚出家门。小明背负着"家庭的叛徒"这一沉重的十字架，痛苦不已，逐渐变得沉默寡言，学习也一落千丈。每次与母亲打电话都泣不成声。

小明的母亲对小明的处境深感忧虑，她本人现在已无法与小明的父亲沟通，为此，她想到了学校，想到了我这个班主任。她想请求我找小明的父亲好好谈谈，让孩子能健康快乐地生活。

【案例分析】

小明的母亲急切地想通过学校、班主任去抚慰帮助孩子，我感受到了她的痛苦、无奈与无助。认真倾听了她的叙述后，直觉告诉我：小明所背负的十字架绝非其父一人所为，小明的母亲肯定负有不可推卸的责任。果然，通过细细地询问，我找到了造成小明现在这种状况的三点原因：

首先，小明的母亲在两人离婚后，在与孩子见面或通电话时，经常聊父母离婚的原因、小明父亲的缺点、小明可能要面对的父亲再婚等容易破坏父亲在孩子心目中形象，会给孩子造成心理压力的话题，根本没考虑孩子的感受和承受能力，将自己的怨恨转嫁给了孩子。同时，她一再拒绝小明父亲提出的一家三口一起吃个饭或是两人一起陪小明出去玩的要求，失去了让小明感受家庭温暖、父母真爱的机会。

其次，小明的父亲对小明的爱是粗放的，只关注了他的吃穿，而没有关注过他的心理感受，不能及时排解他心中的压力和苦恼。特别是当他得知小明对自己隐瞒了其母当年的一些不当行为后，把离婚罪责推到孩子身上，不再允许他们母子见面，更是让孩子痛苦不堪。

再次，就是离婚前，小明就被父母亲折腾来折腾去，一会儿帮母亲掩饰，一会儿应付父亲的盘问；离婚后，孩子的心灵更是备受煎熬：母亲的离去，父亲的责备，周围人的特别"关注"，这一切都给小明带来了前所未有的苦闷与恐惧，重重压力导致孩子身心疲惫，痛苦不堪。他父母的不当言行让孩子背上了沉重的十字架！

在我看来，解铃还须系铃人。要解开小明的心结，必须先做好其父母的工作。只有当事人小明的父母对离婚之事有了正确的认识后，对孩子的痛苦感同身受之后，孩子的生活才能得到真正的改变。为此，我把此次解决问题的重点放在帮助小明父母澄清错误认识，鼓励他们正视现实，用真爱帮助小明积极面对人生突如其来的变故，顺利地渡过难关，适应新的生活。

【解决策略】

一、澄清错误认识，坦然面对现实。

对离婚的告知，心理学家认为在孩子5岁时和18岁之后是比较容易接受的。而十来岁的孩子则最不易接受，最容易被父母牵扯着卷入父母的纷争，并深陷其中，深受其害。

和小明母亲交流了这一点后，小明母亲才恍然大悟：原来自己没有考虑到孩子的年幼，顾及孩子的承受能力，不仅让孩子包庇自己的过错，还将很多负面的言行，负面的情绪带给孩子，使孩子承受了本不该他承受的很多的压力，所以才导致了孩子出现了反常行为。为了孩子，她表示今后尽量避免再与小明父亲发生任何冲突，大人间的事情大人们自己解决，不会再让孩子卷入其中，深受其害。

二、化干戈为玉帛，心平气和与丈夫沟通。

你痛，我痛，最痛是孩子，最无辜的是孩子，最需要帮助的弱者同样是孩子。根据小明目前的状况，作为深爱小明的母亲，我建议她有必要与小明父亲就"如何真正关爱离婚后的小明"坐下来好好谈一谈。

首先，小明母亲要向他父亲澄清一个事实：孩子之所以帮忙隐瞒一些事情，是因为不想父母吵架离婚，并非他所想的是从中作梗。帮孩子摘除"父亲的叛徒"、"导致离婚的罪魁祸首"等罪名，还孩子一个清白。

其次，晓之以理，让小明父亲知道夫妻离婚错在当事人自己，可能是性格不合,可能是感情变质,可能是彼此的忽视等,而绝对不是孩子。此外,谈话的议题可以围绕着:如何把离异带给孩子的痛苦降到最低限度。如何让孩子接受父母双方家庭重组问题。如何让孩子感受到父母虽然已经离婚,仍然爱孩子等展开。

三、用真心融化坚冰,发自内心地关爱孩子。

孩子对父母的埋怨,对学习的放弃,对生活的无助,皆来自于情感的缺失。在这个时候,作为母亲,要以100%的诚意与耐心进行亲子沟通。当孩子真切感受到了母亲的真爱,他就能很快从低谷中走出来。

1. 多倾听孩子的声音。

孩子在父母离婚后会陷入混乱,他会有许多似是而非的想法和感受不断需要有人帮助他说出来,并且为他分析、开解。这时他最需要的是一个善解人意的倾诉对象,聆听他的倾诉,偶尔用一两句智慧的话语提醒他、激励他,就可以帮助他从逆境中重新站立起来,继续面对生活的挑战。

2. 别当孩子面数落孩子的父亲。

父母离婚后,明智的父母不应阻止孩子与另一方见面,更不该无休止地当孩子面数落对方的不是。当想见孩子的愿望难以实现时,小明母亲要选择合理的方式与小明的父亲进行沟通,而不要把负面的情绪传递给孩子。在离婚事件中,孩子承受的可是三个人的痛苦,不要再给孩子施压,雪上加霜了。

3. 趁早修复对孩子已造成的损害。

在离婚过程中,父母有意无意已伤害了孩子。如果你已经错了,应该真诚地向孩子道歉,并努力修复之间的关系,以免影响孩子以后的人生。小明母亲在跟小明交流的过程中,还要特别关注引导孩子勇敢地面对现实,接受现实,学会自立,学会照顾自己,宽容他人。鼓励孩子有事多与父母沟通,集中精力,认真学习。

4. 丰富家庭生活。

由于家庭成员的减少以及不良情绪的产生,家庭生活可能会变得单调沉闷。因此,应尽可能丰富家庭生活,多带孩子走亲访友、爬山游园等,让孩子体会到家庭的温暖与快乐,尽早从家庭破裂的阴影中走出来,建立生活的信心。

四、发挥合力作用,营造温馨成长环境。

在打开了小明母亲的心结,帮助她调整认知、转变观念之后,我与小明的父亲进行了电话沟通,向他详细介绍了孩子的现状。并告知所有忽视、伤害孩子的行为都是家庭暴力,请孩子的父亲好好关心、呵护这个不幸的、深陷痛苦之中的孩子。沟通后小明父亲认识到了自己行为的不当,为自己忽视了孩子的痛苦而深感内疚,一再表示今后要调整好心态,慎重处理与前妻的关系,定期让母子见面,关爱孩子,与孩子一起好好面对新的生活。

【解决效果】

一周后,我再次拨通小明母亲的电话,她的心情明显好了很多。双休日,她与孩子共度了美好的一天。丈夫也能心平气和地与她谈孩子,态度发生了明显转变。

通过我和各任课老师观察发现:小明近期各方面有了很大的进步,整个人开朗了许多。

一个月之后,我私下找小明聊了一次,孩子告诉我:父母仍像从前那样爱他。我试探性地问他:"万一以后爸爸、妈妈再婚怎么办呢?"他笑着说:"那就会有四个人一起来爱我了,不是更好吗?"透过孩子无邪的语言,我知道眼下的暴风雨已经过去了,压在孩子身上的十字架已经不见了,真为他高兴。

【总结与反思】

在本案中,我以离婚父母为切入口,在引导他们做积极地自我探索的同时,适时给予一定的策略指导,经过大家的努力,本案得以圆满结案。无论是孩子还是父母,都从此事件中有所思,有所得,可谓皆大欢喜。

可是,回过头来再来看这个案例,我发觉自己作为班主任老师,忽视了一个问题:那就是对小明的心理辅导。可能父母在与小明沟通的时候会涉及一些,但那是远远不够的。要知道一个面对父母离异的孩子,往往会无所适从,产生诸多心理问题。如:1.极度缺乏安全感。他会觉得被父母遗忘或不受重视。孩子常常问自己,"谁会要我"、"当我需要帮助时,我该去找谁"。这种不安全感会使孩子情感脆弱、经不起打击,做事畏首畏尾。2.内疚感。透过家长的言语,他常常觉得父母离婚是自己的错,这种自责心理会导致孩子出现逃避现实的心理状态。3.自卑、猜疑心理。孩子觉得自己是没人管的孩子,不如别人,害怕被人嘲笑和孤立,因而产生自卑心理;有的时候还会产生猜疑心理,觉得别人看不起他、欺负他。有心理学家将之称为"父母离婚综合征"。

对于小明可能出现的这些心理问题,我没有做到及时介入,予以适当辅导,这是一大失误。像小明这样的情况,除了做好其父母的工作外,还可以从以下几方面对孩子予以特殊的关注:

1.疏导孩子的情绪。父母离婚会给孩子带来很多负面的情绪,如悲观、失落、敏感等。同时,单亲家庭的孩子还要承受很多社会压力。因此,班主任老师应先对孩子的处境表示同情以及理解,从而取得孩子的信任,与孩子建立良好的咨询关系。而后让孩子尽量将负面情绪通过倾诉等方式发泄出来。

2.转变孩子的认知。待孩子的情绪趋于稳定,愿意交流后,班主任老师便可以有针对性地开始与孩子讨论更深入的问题。倾听孩子对于父母离婚的看法，以及自己产生这些"异常"行为的原因和感受。及时捕捉孩子的一些不理性想法，并指出其不合理之处，从而转变孩子的认知。

3. 转移孩子的注意力。通过在校的一些游戏活动，充实孩子的生活，同时培养孩子的自控能力以及自理能力，转移孩子的注意力，使其从悲观的情绪中走出来。

4. 加强孩子与父母的沟通。教会孩子一些沟通交流的技巧，鼓励孩子主动向父母袒露自己的想法，从而获得父母的支持，共同改变。

父母离婚，伤害最大的乃是孩子。所以，对于深陷"父母离婚综合征"的孩子的辅导，我们不仅要细致耐心地做好父母的疏导工作，帮助他们端正教育思想，改进教育方法，设法增强家长和子女之间的互相信赖，同时介绍一些单亲家庭教子成材的经验，以供他们学习和仿效。更要根据孩子的年龄特点和理解程度，以恰当的方式加以引导，帮助他们接受父母离婚的事实，让他们清醒地意识到父母之间离异是大人之间相处不协调，不是他的错。父母虽然不在一起生活，但父母对他的爱不会因离异而改变，从而消除他的不安全感、焦虑感。同时积极鼓励他们振奋起来，并在学习、生活方面多给予关心、照顾。只有我们引导得当，干预及时，才能把离异对孩子的伤害降到最低限度。

第四辑

不该被遗忘的群体

唐德喜

【导语】

每天，当我们看到这样一张张天真稚气的脸庞，心灵深处一定会被那洋溢在孩子们脸上的童真所深深地感染。一个鲜活的生命，当他走进校园里，开始一段生命历程的时候，是压抑还是释放？是痛苦还是快乐？是品尝成功的喜悦还是体味冷嘲热讽的失意？是激情如火的绽放还是静默无声的自赏？

在每个班级当中，都有这样的一群孩子，他们不会像优等生一样是全班同学的楷模，也不像后进生一样每天都被老师挂在嘴边，是老师不得不关注的焦点，他们在班级生活中扮演着"群众演员"的角色，他们就是班级里的中等生。

【案例现场】

他叫黄霖浩，是我们班级一个中等生。他进入我的视野还是在几次小测之后，成绩一直不高的情况下，才有了我和他的父母的沟通，有了对他的了解和重视。通过几次与家长的对话，我走进了这个孩子，但我们更多的交流重点基本上是在学习方面的。然而，前不久发生的一件事，却让我和他的父母都震撼不已。因为没有能够让他参加学校的接力赛，他回到家里哭着对妈妈说："我什么也不是，从小到大什么也没有参加过，老师也不任信我。"而他的妈妈也是伴着泪水和哽咽把这件事说给我听的，她说她作为一个母亲到这个份上，让孩子一点动力都没有真是她的耻辱。

后来，我让他参加了学校的秋季长跑接力赛，当晚，我就接到了他妈妈的电话，告诉我孩子高兴得不得了，他的妈妈用质朴的话语一次又一次地感谢我。透过这个案例，我们看到的是什么？想到的又是什么？

【案例分析】

在人性的底色上，写着的是对于渴望获得别人的尊重、认可与关怀。作为班级里的中等生，他们同样有着获得成功的期待与希望，他们内心深处也有着一颗蓬勃跳动的心灵。中等生对班主任忽视和冷落的态度都会在心理上受到不同程度的伤害，产生被遗忘、被抛弃的心理情感。长此以往，大多数的中等生因为总是无法得到关心和鼓励，更感受不到对他们未来的信心和期待，变得失望甚至麻木。失去学习上适当的压力感和进步的动力，也就永远失去了成为优秀学生的机会。更可怕的是，中等生中有一部分个性较为激烈的学生，就会产生一种自己不犯事，决不会招来班主任的"青睐"的错误认知。

人性之中最深刻的原则，就是获得别人对自己的尊重、关怀与认可。

【解决策略】

关注中等生的存在性。中等生在班级群体当中所占的比重是比较大的，一般来说要站到班级的五分之三左右。这样一个人数众多的群体，对于班主任来说，利用不好可能就是"可有可无"的陪衬；利用好了，就是一笔巨大的财富。以上面提到的黄霖浩同学为例，在他的生活经历当中，可能因为参加了这样的一次比赛而找到了自身存在的价值感，找到了信心，从而以昂扬的姿态来面对今后的学习、工作和生活。

关注中等生的主体性。黄霖浩同学作为中等生的一个代表，引发了我对这一大类学生的重视。从善待这个学生开始，作为我走进中等生群体的一扇门。也许当年的我们即使作为一名普通的"群众演员"也毫无怨言的话，那么对于现在的学生来说，他们并不甘心小从到大一直这样生活下去，一直只能是别人世界里的"绿叶"。在这之后，我经常创造机会让班级里的中等生走到台前来，无论是开展班队会活动，还是社会实践活动，都给他们展现的机会，这样从很大程度上发挥了他们班级主人的作用。

关注中等生的发展性。记得有这样的一个"关于班级里学生成绩排名的情况与后来取得成就"的调查，结果发现，排在班级中游或是中下游的学生在后来取得的成绩并不比排在前面的同学差。这个结果告诉我们，立于学生可持续发展的观点来，我们应该更好地关注这个群体。在上面案例中提到的事情之后，黄霖浩同学承担了组长的职务，经常协助老师来完成各种任务，检查组内同学的作业等等。我想，这些小事都串联在一起，一定会成为他成长记忆里最美好的一部分。

【解决效果】

从后期相当长的一段时间来看，黄霖浩同学的表现得到了他的父母和我的极大的关注，在对待学习的态度上，更加积极主动；对待班级各种活动上，参与的热情也更高。看到他一天天地成长起来，以及在心态上发生的转变，我和他的家长都是看在眼里，喜在心间。

这样的做法也延续到了现在管理的班级当中，现在班级里的一个叫周枢帮的家长几次打电话来，告诉我，孩子为了班级里的事情费了不少脑筋：比如给班级里的热水器带导线，给钟表带电池，当大绳比赛来临时，让爸爸买一根大绳给班级……这样的事情很多。家长反映这在以前是从来没有过的。

听到家长诚恳的褒奖，作为班主任的我是难掩内心的喜悦的。当看到每个孩子都能主动地参与到班级管理的活动当中来的时候，我们的教育成就感也就在心底里油然而生。我也在思考，我们在教育案例当中获得的一时的小惊喜，应该在自己的教育当中延续下去，传承开来，让教育的小聪明变成大智慧。就像对于中等生的关注一样，从一件小事做起，以点带面，使我们的教育立体起来，走向深入。

【总结与反思】

这个案例对于我和黄霖浩的父母来说既没有成功，也没有失败，而是一种觉醒。从微观的角度来说，真正的教育的均衡发展是教育的平等，是人权的弘扬！中等生这个庞大的学生群体不应该成为被我们遗忘的角落。建基于价值引导和自我建构的新育人理念，对于每一个学生的成长过程来说，都应是潜能的开发，是精神的唤醒，是内心的敞亮，更是他们独特性的彰显。我们关注孩子们，尤其是关注中等生的健全人格的培养，关注他们审美情趣的陶冶，关注他们良好习惯的养成，关注他们对人文情怀的体验……一句话，我们关注的是每一个孩子成长为有着完整生命形态的"人"，唤醒他们沉睡的潜能，激活他们封存的记忆，开启他们幽闭的心智，放飞他们囚禁的情愫。

给中等生一片蓝天，让他们自由地飞翔；给中等生一次机会，让他们也呈现精彩。

爱的力量，爱的呼唤

邢　得

【导语】

教育是一项伟大的育人工程。情感关怀在教育中处于相当重要的位置。学生的过分冷漠实际上是一种精神情感的失调，教师如果能给以较多的情感关怀，就可以收到明显的调节疗治效果。多一些理解沟通的谈话，抽一点儿时间，以平等的姿态多跟学生谈谈心，就能知道学生的心里正在想些什么，他们最担心的是什么。不要盛气凌人地训斥学生，多表示一些理解，适当地给一些点拨，学生心头的那点儿郁结往往就化解了。

【案例现场】

小魏，男孩，12岁，小学六年级学生，平时只学数学学科的知识，其他学科放弃不学。开学一个星期还能正常完成各科作业，但是一周后除数学学科的作业完成，其他学科经常少做，甚至不做。母亲、老师批评后，就不愿上学，不愿说话，偶尔砸东西，顶撞班主任，与班级同学搞小团体，破坏上课秩序。

【案例分析】

经过和孩子母亲的交谈了解到，他的父亲与母亲关系不好，总是吵架。每次吵架时，孩子都吓得坐在墙角。在他年幼的时候，就经常受到父亲的打骂，但是，当父亲心情好的时候，又会满足儿子一切合理与不合理的要求，这就造成了他既胆大怕事又固执任性。母亲常常在儿子面前哭诉自己的不幸，使这个孩子的情感更加脆弱，心理压力更大，觉得自己在同学面前抬不起头来，不愿在别人面前提起自己的父母，采取有意回避

小学班主任成功案例集萃

的态度，压抑自己。他很聪明，从小数学成绩就很优秀，所以这是他值得骄傲的地方。一直以来，他认为在数学学科上能找到自信，所以喜欢学数学，因此也喜欢相关的数学教师，进而排斥其他学科。由于家庭的内部矛盾，使他失去原有的心理平衡，变得更加焦虑不安，感到孤立无助，继而逃避。长此下去，其认识就逾片面，心理的闭锁就逾强，最终将导致对任何人都以冷漠的眼光看待，更加孤立自己，这是一种高度焦虑症状的消极心境。我认识到这时候如果家长和老师不闻不问，或批评责骂他，不仅不会消除这种不健康的心理，反而会增强这种心理。

【解决策略】

一、调节父母与孩子的紧张关系，感受父母的爱。

及时与家长取得联系，共同努力，帮助打开孩子的心结。这样在家里，父母就能协助老师做好课后辅助的工作。小魏不良的行为习惯的形成和他的家庭教育有很大的关系。因此，我建议小魏妈妈多跟孩子沟通和交流，如每天都争取和孩子聊天，拉近彼此的距离，让孩子感受到最关心自己的人还是父母。因为这个孩子比较厌学，刚开始聊的内容尽量不要谈学习，就随便聊，孩子想说什么，就跟他聊什么。等过一段时间，父母跟孩子的关系缓和了，再慢慢往学习上靠，问问今天学的什么，在学校有什么开心的事，老师有没有表扬等。孩子哪怕有点滴进步，家长都要抓紧时机狠狠地表扬他，让他品尝成功的甜头，增强进步的信心和动力。

二、用爱关心，用信任理解，使其恢复自信。

最初我们沟通时，小魏并不诚实，经常编造一些幼稚的谎言，想欺骗我，蒙混过关。当谎话一次次被拆穿，老师仍然不言放弃时，孩子心头的冰开始融化了。随着时光的推移，我赢得了他的信任，从我经常找他谈话过渡到他会主动跟我交流，有时分享快乐，也有时倾诉苦恼。他开始愿意听取我的建议，并努力地配合。例如，他问我，自己心里特别想改掉以前的坏毛病，但有时就是控制不住自己，该怎么办？我告诉他，要想改掉坏习惯不是一件容易的事，需要坚强的毅力，更需要坚持，老师对你很有信心。我还教给他一种心理战术，以后再控制不住自己时，就把它当成一次考验，看看你能不能战胜自己，顺利过关。同时每战胜自己一次，就在心里表扬自己一次。他笑着点头，表示接受。以后，我隔三差五就悄悄地问他："怎么样？"笑容告诉我他成功了。他正在努力提高学习成绩，培养学习兴趣，摆脱厌学情绪。我在学习上严格要求，如：上课时，多提醒他认真听讲，鼓励他大胆回答问题，用眼神肯定他的做法，抓住他数学成绩特别优秀这一点大力表扬等，都有助于孩子学习兴趣的提高。课余时间，我经常帮他补课，慢慢地，他在学习上尝到了甜头，更有了干劲。

【解决效果】

经过近半年的了解及教育，小魏有了一定的进步，正如人的性格不是一朝一夕就能改变的一样，它具有稳定的特点，要彻底改变是要经过长时间的努力。现在，小魏对教师尊重，对学习目的有了明确的认识，能坚持上满上好各门课程，成绩逐步提高。他对生活也满怀信心，情绪较稳定，冲动事件逐渐减少，对劳动有了初步认识，值日主动、热心肯干，犯了错误能认识到错误在哪儿。任性、固执得以缓解，办事能有目的性，逆反心理在减弱，但是他现在仍缺乏刻苦学习的精神，对较难的问题易放弃，缺乏坚强的毅力，抗挫折能力较弱。因此对于他今后的教育仍是长期的，我希望他会成为坚强、有知识的、身心健康的人才。

【总结与反思】

面对问题，除了倾注爱心，高度负责以外，还要持有一种研究的心态。

我们今天怎样做教师？一言以蔽之：面对孩子出现的问题，光有良好的师德是不够的，光激情燃烧是不行的，还要有真正的专业水平，科学的思维方式。

现在我们反思自己的教学行为时，只忙于总结停留于事物表面的肤浅，蜻蜓点水多，理论论证少。案例研究则是"就事论理"。因为它"就事"，从案例出发，所以它不脱离实际，看起来亲切；又因为它要"论理"，它必须从案例中抽出理性的结论，所以它不至成为单纯描述性的文字。谈的是司空见惯的事情，结论却往往与教师通常的想法相距甚远，震撼之余，就会有所启发。愿案例研究能形成一种风气，成为老师们的习惯性思维。

让我们共同呼唤爱，爱是洒满学生心灵的阳光，让爱的力量驱散每一片阴霾，照亮每一个角落，融化每一块寒冰。愿我们善于爱，爱到孩子的心里，做到懂爱，尊重爱！

这"七平方"真美!

马洪英

【导语】

"美术家, 如罗丹, 是一面造石像, 一面崇拜自己的创造。教育者不是造神, 不是造石像, 不是造爱人。他们要创造的是真善美的活人。真善美的活人是我们的神, 是我们的石像, 是我们的爱人。教师的成功是创造出值得自己崇拜的人。"(陶行知《创造宣言》)关于教育思想, 我们的最初无非是从曾经引领过我们的"师辈"那里得来的, 而经历过多年的教师生涯实践, 我们又在默默地调整着各自教育领域中的看法和做法。这样的调整想必要有"执著者"—如既往地坚守着, 那一定是我。

【案例现场】

新学期, 教学楼的走廊里, 每班教室门外墙上都布置了一块长6米, 宽1.2米的展板。展板上还贴着与地面同样颜色的装饰材料, 放眼望去, 又似一条规矩的小路, 径直通向明亮的入口处。"这是做什么用的?"带着这样的疑问, 所有教师进入会议室聆听新学期学校工作计划。"展板用作学生综合实践活动中的作品展。"听到这里, 我紧锁的眉头舒展开来。终于明白了, 这块仅七平方米的空间是特别为孩子们准备的。那么孩子们会将自己的哪些学习成果展现在上面呢? 我再次陷入沉思。学生登校的那天, 我将展板的作用讲述给学生们听, 要求他们各自准备。第二天, 学生带来的作品令我欣喜满怀。

有自己制作的手工艺品: 烟盒搭建的房子, 还不忘在门前写上"吸烟有害

109

健康"的对联；还有利用废弃塑料瓶做的玩偶，只要用力一捏瓶身，插入瓶口的小棍儿上方的小猴就窜到棍子的顶端，让我联想到《跳水》课文中叙述的船长儿子爬桅杆的惊险场面。还有美术作品，书法作品，更有孩子将自己的奖杯奖状拿来要求展示在上面。空空的展板一下子被布置得满满的。看上去虽有些杂乱，但是孩子们却在那里久久驻足，不肯离去。他们看着，指着，说着，笑着！他们给自己找到了光荣，找到了归宿感，同时也学会了欣赏他人，尊重他人。"这块七平方"在他们眼里是最美的！

【案例分析】

现行教育通过应接不暇的考试、比赛、排名次、检查、评估等方式来量化孩子，如同一个焦虑的园丁，不停地给植物洒水施肥，但还是担心植物是否得到足够的水分和养料。于是，园丁每天都把根拔出土来，剪一些叶子去化验一样，不久植物就枯萎了。

当下，许多小学生及家长疲于奔波在学校、课外辅导班之间。学作文、学奥数、英语。似乎不学习那些辅导班，孩子们就会成为"不可救药"的差生。老师们在校内也让孩子们除了学习教科书的知识外，大量补充课外知识，看一看，一套套练习册、大考卷，不论哪个版本的，如雨后春笋般铺天盖地袭来。小小的孩子真正地属于自己的活动时间少之又少，怕是不久，也会如前文所述的花儿一样"枯萎"吧！

作为真正的园丁，我们可以耐心地等待植物生长，定时地洒水和施肥，当然也要考虑阳光、空气和气温对植物的影响。我们对自己的栽培技术要有耐心，不刻意去化验，不久植物也会开出美丽鲜艳的花来。如果我们的学校用展示来代替考试的教育方式，可以让每个孩子都能充分地发挥他们的个性，并使他们能够得到肯定和欣赏。学生在互相欣赏和互相鼓励的气氛中，他们没有失败的压力，只有成功的鼓舞。我认为这就是儿童应该得到的教育方式。

【解决策略】

1. 全体教师们要端正教育思想，不要把眼睛死死盯在那几道题的正确率上，放开孩子们被束缚的手脚，让他们动手操作，用眼睛去看，用耳朵去倾听，用心去感受这个世界的美。激发孩子们探索世界的热情，培养他们的综合学习能力。

2. 调动学生们参与的积极性，给学生们多次的展示机会。在"七平方"的展板上，写下每个人的成长历程。也许最初的主动热情，在一次次的经历中，会出现不同的进步或退步，但"成长的烦恼"也正是催发孩子们一步步迈向成功的最好的"良药"。

3. 班主任与专科教师通力合作，在主科学习之外，专科教学也给予多角度的延伸学习，形成"多点一线，多线一面"的教育领域合作。

4. 寻求家长与学校的大力配合，在家庭教育中，使得学校的教育思想和教学要求得以落实。

【解决效果】

学生们快乐地奔向学校，教师们不断地鼓励学生再接再厉，学生们的自信心、同情心以及探索真理的各种能力不断发展。虽然说给学生们展示的空间仅仅七平方米，但是我们可以通过一月一更新来补充学生们近期内收获与成功的各自体验。通过这样的循序渐进，持久坚持，老师能从孩子们的成功之路中欣赏和观察出他们想要表达些什么，就再次回到教师对学生的鼓励环节中喽！

【总结与反思】

承认智慧的自我生成性。

每一个孩子的诞生都是一个欢喜而伟大的庆典，孩子来到这个世界也带来了独一无二的智慧和能力。在他的一生中,生命将献给他自己,也献给地球及地球上的每一个人。这个生命进入了一个以地球生物基因组成的肉体,这个肉体是父母给他的,一个他完全不熟悉的身体,孩子通过感觉和体验来认识这个现实世界,凭着自己的智慧来模仿和重造这个世界。蜜蜂未经过学校的训练,也不要学习数学和几何,仅仅是依靠与生俱来的智慧就建造出结构复杂的蜂窝,这就是智慧的自我生成。知识可以通过学校的教育学到,但智慧只能是自我生成。从学校的环境,教室的布置,学生的学习成果展示中,让学生感受世界的美,用美来滋养他们的心灵,唤起儿童对人,对社会和自然的热爱,为进一步培养儿童独立思考能力和判断能力提供成熟的感性基础。

　　我的教育思想不仅仅停留在"传道授业解惑"的层面之上,更重要的是帮助学生们探讨每个人都要面对的生活问题,引导学生探索自己的人生答案。我现在的教育工作是被当作一门艺术来进行,我要像艺术家那样帮助孩子发现和热爱他们周围的世界。我要在适当的时刻唤醒孩子来自于灵魂和内在的某些能力,帮助孩子的精神个性跟自己的身体、生活环境以及即将进入的社会生活之间建立起正确的关系。正是因为确立了这种正确的关系,才能恰当地行使他们的自由。年轻人在社会生活中才不至于成为被动的旁观者,而是在我们这个世界的变迁中作为清醒和敏感的公民,他们会有充分的准备,积极参与接受现阶段的挑战。

美丽的蜕变

郑 丽

【导语】

2010年8月，我们班转来个女孩叫依依，白皙的脸庞，胖乎乎的身材，一双笑眼，一看特别憨厚，很讨人喜欢。她父母特别优秀，一直在北京攻读学位，现在已经是博士后了，可就是顾了这头，却顾不了那头，从小依依就寄养在姥姥、姥爷家，很少能体会到来自父母的爱，性格非常内向。四年级的时候，依依随姥姥、姥爷从外县来到吉林，插班到我班。孩子学习很好，也特别懂事，可就是胆子特小，见谁都只是抿着小嘴笑，从不与人主动交流，就连与我这个班主任，也是我问一句答一句，除此一句话都没有，就更别提在同学面前发言了。她只要一站起来就紧张，一个字也说不出来，同学们都替她着急。她也因此成了班里有名的"胆小鬼"。

【案例现场】

我鼓励她发言、找她谈心、给她表现的机会都无济于事，依依总是礼貌地微笑着，问一句答一句，总是那么拘谨，也总是带着那一脸不好意思的微笑，我真的是无可奈何。

直至那件事，我才真正地走进了她的内心。期末，学校组织我们去青少年拓展基地，其中最主要的一项就是由教官对孩子们进行军训，因为现在的孩子大都娇生惯养，就连在老师面前都不忘撒娇，为了达到锻炼的目的，基地不允许班主任在场，由教官全权负责，一个小时不到，我就接到教官打来的电话，说我班有个孩子拉裤子了，让我去看看。我一听，就问："你是找我吗？

是不是打错了？我们这都四年级的孩子了，是不是找一、二年级的班主任？"细问之下，还真的没错，我和副班高老师三步并作两步到那一看，真的是依依，她在几个女生的陪同下，正在寝室等我们。依依一脸的尴尬，低头不语，屋里弥漫着一股臭味，陪同的女生一看见我和高老师就说，依依本想上厕所，可正在军训，我们又不在身边，就没敢跟教官请假，结果拉了一裤子，也没敢说，是旁边心细的女生发现不对，才请假回寝室的。教官不能扔下全班同学，还得训练，就偷偷地给我打了电话，说心里话，我当时真的挺生气的，心想：这都四年级的孩子了，怎么连上厕所都不敢说，真是太不可思议了。依依一脸窘态，慢慢地抬起头，刹那间我的目光和她惊恐、无助、尴尬的目光相遇，我突然有了一种无法言表的惶恐："身为教师，我具有极大的力量，我能让人丢脸，也能叫人开心，能伤人，也能救人。无论在任何时候，一场危机是恶化或解除，学生的心灵是否受到感化，全部决定于我。"我警告自己决不能简单而粗暴地处理这个问题。我赶紧让那几个女生回去训练，并嘱咐她们千万别声张，我班孩子真的特懂事也特善良，这事就仅限于女生和老师知道，那些男孩子到现在毕业了都没弄清楚到底是怎么回事？高老师真不愧是德高望重的老教师，毫不疑迟地和我一起赶紧给女孩换裤子。这时我们才发现，情况有多严重，孩子的腿上、脚上、裤子里、鞋里都是，看来孩子已经拉了很久，就是不敢说。我们一看真是心疼极了，这孩子忍了这么久得遭多少罪呀，生气的是这孩子都这么大了，怎么连上厕所都不敢说……不容多想，高老师和我马上给孩子擦屁股、擦腿、擦脚，一遍又一遍，直到没有一丝异味……依依很乖，就任由我们"摆布"，仍旧一句话没有。把她安顿好，我们又帮她洗裤子、刷鞋，任由黄水汤子顺着指尖淌……那天晚上我和高老师没吃进去一口饭，至今想起来我还对副班高老师充满了感激和崇敬。可依依始终就这么默默地看着我们所做的一切，仍旧一句话没有，甚至都没说一个谢字，但从她的眼睛里，我却分明看到了满满的感激与信任。那时，我就暗下决心：无论如何，我一定要转变她。

【案例分析】

"罗林塔尔效应"告诉我们：只要教师真心爱学生，并让他（她）们感受到这种爱，他（她）们就能以极大的努力向着教师所期望的方向发展。高尔基也曾说过："谁爱孩子，孩子就爱谁，只有爱孩子的人才会教育孩子。"因此我依据正面引导与积极疏导相结合的原则、寻找"病因"、对症下药、坚持在活动中育人，坚持用集体的力量育人，以人为本，以爱育人，正面疏导，因材施教，循循善诱，用爱来温暖依依、转变依依。

常言道："一把钥匙开一把锁"。每位学生的实际情况是不同的，这就要求班主任深入了解弄清学生的行为、习惯，爱好及其表象背后的原因，从而确定行之有效的对策，因材施教，因人而异，正确引导。因此，我以爱心为媒，搭建师生心灵相通的桥梁，充分发挥爱的力量，给予依依母亲般的呵护，从而唤起她的亲近感、信任感，使之亲师信道。然后努力营造宽松、和谐的氛围，发动全班同学形成合力、共同熏陶影响、共同宽容期待。最后以兴趣为突破口，在活动中引导她一步步走出胆怯，自信地面对一切。老师的细心关爱就像水的载歌载舞，才使得鹅卵石臻于完美。

【解决策略】

记得美国心理学家克龙巴齐曾说过："学生的任何行为方式，在客观方面是受到多种影响的结果。"看来，这件事不那么简单，必须找出"病因"，对症下药。从基地返校的前一天，我找到了依依，和她在小河边进行了一次长谈，经历了"军训风波"，依依与我亲近了许多，师爱就如一缕和煦的阳光，温暖了她的心扉，使她敞开了胸怀……她从小在姥姥、姥爷家，虽然老人们对她特别好，但她总是想妈妈，每次都吵着要见妈妈，可妈妈就是忙得顾不上，为此姥姥不知在电话里骂过多少次妈妈，随着每次希望都落空，依依觉得说什么都白说，就置气地不爱说了，时间长了，胆子越来越小，越来越不敢说了。她自己也很着急，也很想像其他孩子那样，大胆发言、侃侃而谈。了解了她的内心，我认为她这是长期缺少母爱、缺少安全感而产生的自卑，于是，我给她远在北京的妈妈发了一封电子邮件，讲了依依的优秀和可爱，更汇报了她心里的渴望和目前的现状，并恳请她多关爱依依……依依妈妈很快给我回了信，说她很惭愧，可能是从小就没带过依依，再加上学习、工作忙、压力大，自己又太要强，真的是忽略了依依的感受，她保证从今以后，一定多关心孩子……果然依依妈妈改变了很多，即使依旧忙得赶不回来，但总会给孩子打电话、传邮件、发短信……依依很开心，也渐渐地理解了妈妈的苦衷。为了帮助她练习胆量，我经常课上主动提问她，问些很容易的问题，怕她遇到难题紧张就更不敢说话了，这也得到了任课教师的配合。为了训练她与人交往，我为她成立了互助小组，让性格开朗的女生影响她、带动她，并与全班同学共同配合，努力构建良好的班级心理环境和情感氛围。为了让她觉得自己很重要，我无论有什么事都让她帮我去做，如：帮我到办公室送作业、取作业、帮我到到办公室取水杯、帮我传达通知、每天放学取班牌、打班牌……一次，谈天时，我惊喜地发现她很喜欢歌唱，并有歌唱的天赋。我如获至宝，想方设法把她送到校合唱队，让她好好锻炼锻炼，刚开始她怎么也不出声，我就鼓励她，让她尝试着跟着大家先小声哼哼。时间长了，她发现每个人都在认真地看着指挥唱，没人能注意到她，胆子也就逐渐大了起来，开始出声了，渐渐地还有了表情。

　　六年级下学期，市里举办合唱比赛，我校也是积极参与，不仅节目精彩，服装也漂亮。可依依特别胖，演出服装根本穿不上，音乐老师私下找到我，想让我劝她就别上台了，可我真的怕伤孩子自尊，再前功尽弃，于是我和音乐老师商量，再给她一个机会，音乐老师很智慧。给她找个最大码的，衣服后面的拉锁不拉，在拉锁两边缝块布，再用别针别上。她姥姥、姥爷知道后，特别激动，握着我的手说，别说缝块布，就是让我们自己照样子重做，我们也愿意呀！节目取得了很大的成功，之后又多次演出，两位老人场场不落，专职陪同、专职照相。不光给依依照，还给别的孩子照，然后洗出来，再发给大家，真的特让人感动。

【解决效果】

兴趣是最好的老师，在合唱队，依依不仅找到了突破口，更找到了自信和快乐。如今的依依开朗、热情，不仅敢在舞台上声情并茂地表演，在课堂上也能像其他孩子一样积极、大胆地发表自己的见解，甚至还敢和别的孩子一起在全班面前表演小合唱。

2011年4月，我们班参加市里比赛召开班会时，依依还登上舞台，表演了独唱，很多孩子都不敢相信，眼前这个阳光、多才多艺的女孩就是当年那个胆小腼腆、不敢言语的依依。看着依依的"美丽蜕变"，我心里有说不出的喜悦。

离校那天，依依抱着我哭了好久好久，临走时还塞给我一封信，信的结尾写道："郑老师，其实，这两年来我早已把您当成了我的妈妈，真心地感谢您为我所做的一切……"那一刻，我的眼里噙满了泪水，心里却盈满了幸福感……

【总结与反思】

这虽然是我在班主任生涯中的一个小小的例子，但让我思考了许多。作为班主任老师，虽然很平凡，但很伟大。你每天的一举一动，一言一行都是孩子成长的航标，你做的每一件事将影响到孩子的一生。设想，当初如果我没有我对依依的良苦用心，今天的她可能会站在绚丽的舞台上动情歌唱吗？可能依旧是那个羞涩腼腆的"胆小鬼"，可见，教师的爱对学生来说是多么重要啊！

正所谓，爱别人是权利，被人爱是幸福。作为一名教师，爱学生，既是义务，更是责任。苏霍姆林斯基说过，要像爱护最宝贵的财富一样爱护儿童对你的信任，只有教师关心学生的人格尊严，才能使学生通过学习而受到教育。巴特尔也曾说"教师的爱是滴滴甘露，即使枯萎的心灵也能苏醒，教师的爱是融融春风，即使冰冻了的感情也会消融。"是的，学生毕竟还是孩子，他们幼小而柔弱的心灵更需要精心呵护，尤其像本案例中那些特殊的孩子，那些缺少父母关爱的孩子，那些有着这样、那样缺点的孩子……张文质先生曾经说过："父母陪伴孩子成长是送给孩子最好的礼物。"可这类孩子幼小的心灵又得到过多少爱呢？所以，教师应该给予他们更多的关爱与帮助，更应该精心呵护那颗柔弱的心灵。爱是什么？爱是春雨，能让枯萎的小草发芽；爱是太阳，能让坚冰融化；爱是奇迹，能点石成金。就让我们去用真心去爱我们身边的每一个孩子吧！师爱是无价的。

风云人物

郑 丽

【导语】

　　早就听说五班有个大名鼎鼎的人物——张××，自私自利、生性暴躁，打架骂人那是家常便饭，不仅扰得同班同学不得安宁，就连同学年的学生也深受其害，令老师、同学和家长们都甚是头疼。没想到从毕业班下来的我，竟和他遭遇，成了他的新一任班主任……

【案例现场】

　　2009年8月，刚刚接手五班，就深深地喜欢上了这群活泼开朗、思维活跃、热情大气、个性鲜明的孩子，可美中不足，总有一个孩子在不断地惹是生非，不是与同学发生口角、大打出手，就是课上课下捣乱滋事，与其他同学格格不入，不用问就知道这肯定就是那个如雷贯耳的"风云人物"张××。几天下来，我发现这小张绝非浪得虚名，他不仅生性好战、自私散漫，而且能言善辩，撒泼打滚说来就来，每天给他断官司家就得占用你一半的时间，是我从教十七年来遇到的最棘手的学生。在接触中，我发现这个孩子其实很聪明，就这么天天玩、天天闹，学习成绩都不是很差，尤其是为自己狡辩的口才令你叹为观止，引导得当，应该很有潜力。在他身上我倾注了很多精力，召开班会、跟他谈心、辅导他学习、找家长谈话、赢得家长的信任、为家长出谋划策引导其与我配合、鼓励他参加集体活动、为他成立互助小组……功夫下了不少，但每次都只是短暂的欢喜，有的甚至无功而返，他软硬不吃，每天依然我行我素、混打乱闹，令我无计可施。

小学班主任成功案例集萃

【案例分析】

班主任工作是细致而繁琐的，不光要付出爱与劳动，更要讲究艺术与门道。因为要面对形形色色的学生，解决各色各样的问题，需要班主任具有极大的智慧，这种智慧哪里来——书籍中来。因为"书籍是人类进步的阶梯"，浓浓的书香不仅能增强老师的底蕴和内涵，更能启迪孩子们的智慧，营造内心的宁静。尤其是张××这样的孩子，不仅个性十足，而且令人"头疼"，如果不及时、恰当地引导，势必会"破罐子破摔"，后患无穷。作为班主任，一定要究其原因、因势利导，积极寻找教育契机，走进孩子的内心，因材施教，才能真正地使之转变，得到心灵的润泽。

【解决策略】

用书香润泽学生的心田，是我教育学生的重要法宝之一。无论带哪个班，我都大力提倡读书，营造书香班级，让书籍成为学生的良师益友，让书香渗入学生的言谈举止，如：一、二年级的"小小故事会"、讲故事比赛"；三、四年级的写摘录、批注，读后感；五年级的读名著，品名著，设中队讲坛；六年级的读《意林》、批《意林》、品《意林》、读书超市、读书沙龙、读书海报展等等的活动，使孩子们在书籍中明理，在故事中睿智。

随着在五班读书活动的开展，我欣喜地发现，张××原来爱看书，端起书来，他的那个安静劲让你欣喜若狂。有兴趣就有救，于是，我更加大张旗鼓地开展读书工程。每天，我都会抽时间读书给孩子们听，我读过《窗边的小豆豆》、《智慧背囊》、《人类未解之谜》、《繁星春水》、《福尔摩斯探案全集》等书的片断，这一缕缕的书香熏陶着学生，极大地激发了同学们，尤其是张××的读书兴趣。每天早晨，馨香随风至，书声入耳清，我们共沐书海，其乐融融……丰富多彩的读书活动让张××渐入佳境，我趁热打铁，以书为突破口，跟他谈书里的人物，讲书里的故事，探讨故事中蕴含的道理，并向他推荐诸如《夏洛的网》、《爱的教育》、《做一个快乐的少年人》、《苦儿流浪记》等等经典，俗话说："腹有诗书气自华，最是书香能致远。"这一本本的好书，把张××带到了一个他以前从没到过的新天地，充实了他的生活，滋养着他的精神，改变了他的气质，使他变得活泼、自信，使他变得明理、睿智。

【解决效果】

如今的张××去掉了浮躁，明辨了是非，学会了克制、懂得了感恩，与同学也渐渐地融为一体，那一刻，我的心中盈满了成就感和幸福感。我深知这一切都归功于书籍，真是唯有书香最育人呀！

【总结与反思】

苏霍姆林斯基曾经说过："无限信仰书籍的力量，是我的教育信仰的真谛之一。"因此我依据正面引导与积极疏导相结合的原则、热爱尊重与严格要求相结合的原则、集体教育与个别教育相结合的原则，以人为本，因材施教，从兴趣入手，正面疏导、以爱育人，用书香来滋养学生、转变学生。

案例中张××的改变就是很好的例证，每个班级都会不同程度地存在着问题生，对于他们的教育往往令人头疼，但每一个孩子又都是一块璞玉，作为老师，都应该不抛弃、不放弃，努力地去雕琢，使他们焕发应有的光彩。而书籍恰恰是我们最好的帮手，大力提倡读书，营造书香班级，让书籍成为学生的良师益友，让书香渗入到学生的言谈举止，用书香育人不乏为班主任的明智之举。古人云"书犹药也，善读之可以医愚"，书籍能使孩子们明理、睿智，虽不能改变人生的长度，却可以拓展人生的宽度。用生命去阅读，人生才会不断精彩。

"绰号"——童年的印记

孙笑男

【导语】

"屁王"、"鸡脖子"、"鼻涕虫"、"肥猪"、"四眼"……不知大家是否记得这些绰号,也许它一直伴随着你的学生时代,也许你曾经一直为之烦恼,也许你曾经为之与同伴争斗。但是现在回味起来却又那么形象有趣,怎样处理孩子间起绰号的问题,怎样引导孩子们正确看待"绰号",这真是一门学问。

【案例现场】

"老师,马子棋又叫我'大屁股'。"厶玉说着就伤心地哭了起来。又是因为起绰号的事向我告状!从开学到现在,类似的绰号事件时有发生。班级里的大部分学生有绰号,有的甚至用绰号代替姓名。绰号五花八门,有的绰号非但不讲究文明,揭同学的短处,甚至还带有一种讥讽、羞辱,给孩子带来心灵上的伤害。例如吴洋,只是因为他的牙齿向外凸,一年级时就被同学叫作"大龅牙",吴洋曾在日记中说绰号从一年级起就像阴影笼罩着他,家长也几次找到我,希望我能帮孩子走出心理阴影,遏制班级起绰号这种现象。

【解决策略】

绰号,俗称外号,是在人的姓名以外,由旁人根据他(她)的某些生理特征、性格特点或特殊经历,重新起的名字,大多有褒义、亲昵或贬义、憎恶或开玩笑的含义。

在学校生活中还有根据某些同学的体貌特征、生理缺陷、性格特点或精神状态等情况起出的绰号，如"瘦猴"、"胖猪"、"小矮人"、"鸡脖子"等等。这些低级粗俗，有损人格的不雅绰号，严重损害了儿童的心理健康。

俗话说"言者无意，闻者有心。"有些儿童虽然自己在某方面存在着缺陷或短处，但是他们的自尊心却很强，因而对有关自身缺陷和短处的"言行"都会相当敏感。当有人刺激了他们的"神经"，刺伤他们的自尊心时，会产生很强的心理反应。

有的会表现得急躁、激怒和愤怒，甚至产生焦虑和抑郁心理。有的儿童不能忍受这种额外的心理负担而采取了一些反击性措施，如：不与同学合作，故意损坏班级荣誉，逃学等等。

所以我必须重视起这件事，并采取以下措施：

一、了解原因，切身感受，化"好玩"为"惭愧"。

我把马子棋叫到身边，并没有马上严格地批评他，而是先问："子棋，能告诉老师你为什么这么称呼厶玉吗？"子棋低着头回答："我看到她走路时屁股一扭一扭的很好玩，所以就……我没想到她会哭。"听到这，我的心想孩子毕竟是孩子，是单纯而善良的。

孩子出现不尊重别人的行为，有时是因为想看热闹、好奇，有时是想开个玩笑，有时则是盲目地模仿别人的行为，他们不知道这样做的后果。我要让孩子明白，发生在别人身上的情况，也有可能发生在自己身上，如果真的发生在自己身上，自己又会有何感受？让他设身处地地体会到不受别人尊重的感受。

我说："每个人都有自己的小缺点，你没有吗？如果别人给你起个外号，你感觉怎么样？"厶玉抢着说："他眼睛鼓鼓的，就叫他'癞蛤蟆'。"子棋笑了一下，可能觉得很好玩，然后马上红着脸低下头。我知道他心里一定不好受。

二、班会讨论，明辨是非，化"绰号"为"美称"。

接下来，趁热打铁马上召开班会。

首先，我给孩子们读了一则真实的报道：一个学生因长得小而且好动，被同学们冠以"小老鼠"的绰号。一天不慎落入河中，尽管同学们大声呼喊："小老鼠掉进河里啦，快救小老鼠啊……！"然而，路人闻之皆不以为然，顾自离去。当后来弄明白是怎么回事时，这位"小老鼠"同学早已冤魂归天了。听了这个新闻，孩子们开始激烈地讨论。

我先让不喜欢自己绰号的同学诉说心中的苦恼，让其他同学畅谈自己的体会，讨论绰号给同学带来的伤害。这时，孩子们已经明确了起绰号是不对的。

接着，我给学生介绍《水浒传》中的三十六天罡星，介绍时特别强调他们的绰号，然后问学生喜不喜欢这些英雄的绰号，喜欢的原因是什么。通过讨论，学生明白了如果抓住一个人的特长或优点起绰号，那么这些"绰号"就不再是侮辱、讽刺、挖苦，而是赏识、激励、赞扬。同学之间如果起不侮辱人格的绰号，也是一种亲热的表现，并能增进同学之间的友谊。

在明白这一道理的基础上，我让每位学生最少列出自己的三条特长或优点，交给组长。然后以小组为单位，依次讨论每个人，以他的特长或优点起个"绰号"，看看哪个组的同学起得最好，哪个同学的"绰号"起得最恰当。在学生热烈的讨论中，"小问号"、"小博士"、"智多星"、"小书迷"等等新奇好玩又有特殊意义的绰号出现了。

三、真诚道歉，写下保证，化"干戈"为"玉帛"。

马子棋在全班面前向厶玉道歉，并写下了承诺书，郑重其事地交给了厶玉，两个小朋友握着手笑了。我抓住教育契机，说："孩子们，你们真了不起，能够辨别什么行为是对的什么是错的。子棋很有勇气，做错事了勇于道歉。厶玉很大度，能原谅小伙伴的错误。"

【解决效果】

直到现在，班级起"绰号"的故事仍在上演。不过，所有的演员和观众都属于喜剧人物了。相信若干年后，这些凝聚着纯真友情，散发着醉人温馨的绰号会依然留在同学们的记忆深处。

【总结与反思】

卢梭说："即便在孩子身上似乎是破坏的倾向较多，其原因也不在于儿童生来是邪恶的，而是由于创造活动很迟缓，而破坏活动则比较迅速，所以更适合他的活泼的性情。"因此，作为一个教育工作者，如果看到有些孩子喜欢做破坏性的动作，爱做让家长老师头疼的调皮事，也不能采取单纯的训斥、惩罚等手段，而应当把每个孩子看成是一个探索研究者，把自己当成组织者和引导者，而不是命令者，这样既保护了孩子探索的需求本能，往往还能使坏事变好事。

其实，我们的孩子从很小的时候就会做一些让大人反感的事了：一个好端端的玩具拿在手上，无论多么贵重，也无论他是否在发脾气，都有可能被无端地摔出去，事后还会很开心地看着成人，似乎很有成就感。刚写好的文章被撕得满地都是，雪白的墙上被涂得一塌糊涂……对此，家长在备感困惑的同时，更多的是满腹无奈，他们据此认为自己的孩子破坏欲强，是坏孩子。其实，这些破坏性行为并非是界定孩子好与坏的标准。孩子只是在用"破坏"来探索未知的世界，对于自己遇到的东西，他们都会利用摸一摸，尝一尝，闻一闻，偶尔也会摔一下的方法，来看看它会产生什么样的反应。这时，简单的制止不但起不到家长想要的效果，还可能引发孩子更强的好奇心，这时家长

125

应该给他一些允许他搞一点破坏动作的家用物品，例如给他一本不再需要的画报，买些耐摔的玩具，让他好好研究研究，要慢慢引导孩子建立起什么东西可以碰，什么东西不可以碰的概念。

案例中的起绰号事件是发生在我们班的一件真实的事情，开始，我也采取批评、训斥的方式对待调皮学生。在收效甚微的情况下，我索性把学生的这种行为看作是学生活力的一种象征，是学生的一种探究行为。所以，对孩子的这些行为，我们应该做的不是惩罚，而是让他们领会，哪些事他做了别人会称赞，哪些事他做了会对他人造成伤害。从而让孩子了解普遍的社会规范，知道每个人做事的限度和应该遵守的法则。老师和家长在其中的引导作用非常重要。

苏霍姆林斯基曾说过："人的心灵深处总有一种把自己当作发现者、研究者、探索者的固有需要，这种需要在小学生精神世界中尤为重要。"因此，不管在教育教学中发生什么事情，教师都应该把自己当成组织者、引导者，而不是命令者，只有这样，才会收获更多。

感动——唤醒沉睡的亲情

付丽秋

【导语】

由于特殊国情的特殊条件导致我们的学生基本上都是独生子，然而，众星捧月式的家庭教育模式为学生创造了养尊处优的生活环境。再加上重视个人价值，崇尚个性张扬的社会大环境熏染，如今的学生更注重自我的感受，以自我为中心，认为家长的付出与关爱理所当然，对周围人的帮助麻木不仁，熟视无睹。传统美德严重缺失，感激、尊重和珍惜似乎成了没必要的东西，只会索取不会付出，严重影响了学生的健康成长与发展。因此，如何加强学生感恩教育，已成为势在必行的一个问题。

【案例现场】

夏令营时，原定的篝火晚会，因为天公不作美，失望之极的孩子们走进了大厅，一曲《班得瑞》的钢琴曲让人的心情舒缓了许多。三四百人坐在一起兴奋劲不言而喻，教官几次组织纪律也不见效果。最后一句口令"最高境界——静悄悄，看谁能达到最高境界。"大厅终于渐渐安静了，一个游戏吸引了孩子的注意："请同学们拿出一张纸，写出你生命中最喜欢的3个人"。我也被游戏吸引了，心想这是要做什么。伴着音乐孩子们静静地写着。教官说："我知道这三个人曾是伴随你们成长，给你们带来无尽的欢乐，为你们提供幸福生活的人。现在请你们拿出你手中的笔画掉其中的一个，这个人将从你的生命中消失，平日中的欢声笑语将渐渐离你远去，不再回来……"孩子们发出了一声尖叫，拿出了笔不舍地画掉一个名字。"游戏继续进行，剩下的两个人，生活中有他们的嘘寒问暖，快乐时有他们和你一起分享，受伤时有他们为你疗伤，可现在，就在此时此刻他也要离你而去，即使你们不愿意，可是命运之神还是将他从你们的身边夺走了，你无能为力。请拿出笔画掉这两个其中的一个。"全场鸦雀无声了，安静极了。一个孩子问："教官能不画掉吗？"教官义正言辞地说："必须画掉。"孩子的笔沉重了，场中传来孩子低声的抽泣，声音越来越多，越来越强。"现在你的生命中只剩下这手里的一个亲人了，每天辛苦地赚钱供你上学，当你早起上学时一杯热腾腾的牛奶已摆在餐桌上，当雨天宁愿自己淋雨也会为你撑着雨伞，现在命运之神也要把他从你的身边带走，从此你没有了依靠，没有了撒娇，没有了零花钱，没有了你想要的一切……"

全场孩子再也控制不住了，有的呜呜地哭起来，有的号啕大哭，就连坐在我身边的曲强同学，全校有名的"钢铁战士"也禁不住泪流满面。此时头脑中突然闪现出了他妈妈的面庞，那焦灼的神情，那乞求的目光。

一直为寻找不到教育曲强的契机而感到发愁，这不正是最好的机会吗？我迅速拿出纸巾，轻轻地为他拭去两行热泪，并亲切地问他："只不过是画掉几个名字而已，为何这么伤心？"他抽噎着说："如果他们真的从我的生活中消失，我会舍不得他们，我离不开他们。""那你平时听他们话了吗？关心过他们吗？父母累了你给他们捶过背吗？炎热的夏天为他们到过冰水吗？帮父母洗过衣服，做过家务吗？当他们真的不再你身边了，你还能生活得像现在这么好吗？"他不假思索地频频摇着头，热泪如泉涌般淌出。平时打不哭骂不哭的孩子，一个测试游戏竟然让他泪如雨下……我知道这是发自心底的真情之泪，是感动唤起了他内心那份沉睡的亲情。

【案例分析】

1. 曲强性格外向，倔强。曲强出生不久，就生活在姥姥家。一直以来，家庭条件十分优越，现在吃大餐，穿名牌，花大钱，几百元都不用眨眼。也与父母相处时间甚短，因此很少服从父母的管教，经常是父母说上句，他对下句，父母有前句他应付后句，而且嗓门要比父母高八度，很少能和父母心平气和地沟通。

2. 教育的缺失。在高举素质教育大旗的今天，我们的孩子缺失了什么，是他们不懂感情？不，人非草木，孰能无情。那为什么会有层出不穷的"钢铁战士"？让我想起了广东省并平市开侨中学语文高级教师黎志新言道的教育现实——如今，越来越多的老师感叹："现在的学生越来越难教。""学生感情荒漠化，不管你怎么做，他都不会感动。"黎志新感叹这样的教育现实——我们的德育为何远离了"春风化雨，润物无声"的境界？因为我们总是担心这也影响学习，那也影响学习，孩子在家、在校都缺少这样的活动。

3. 我们的家、校教育不够令人感动，没有触动他们的心灵，使他们还不够懂得感恩养育他们的父母，感恩培育他们的老师，感恩帮助他们的朋友，感恩带给他们光明的日月星辰……

【解决策略】

当天晚上我就留了一篇随笔，以《爸爸妈妈我想对您说》为题，写出你对他们想说的心里话。第二天交上来了32篇小文章，洋洋洒洒的文字流淌着他们的感伤、懊悔……其中曲强写道：爸爸，妈妈，以前我很不喜欢您们每天的唠叨，不理解您，经常向跟你们要脾气，要零花钱，跟别人比吃比穿，不好好学习。你们那么辛苦地把我养大，我还气你们，不听你们的话。现在，我知道错了。爸爸，妈妈请原谅我！"我在他的随笔背面也随之写下了几句感言："是呀，我们总是拥有时不知珍惜，失去了才知可贵。孩子你太富有了，也许你从没想过现在的一切会突然消失，消失了还

小学班主任成功案例集萃

怎么生活, 你从没有为明天思考和担心过。因为你一切的一切都有你的父母, 你的姥姥在为你操劳着, 老师相信今后的你一定知道怎样爱你的父母, 感恩你的亲人了。活动之余我又收到了一个小纸条: "谢谢老师, 我知道了。"

【解决效果】

此事件过后, 曲强和父母之间, 渐渐地多了一些温顺, 少了一些顶嘴, 花钱也不像以往那样如流水般挥霍了, 偶尔还能帮助父母做些力所能及的事情。这对于这个倔强的大男孩来说已经是质的飞跃了, 尽管还有这样和那样的不如意, 但这是需要时间来改变的。

【总结与反思】

现在的许多孩子都缺少一颗感恩的心。对父母、对老师、对他人的帮助, 甚至连一声"谢谢"也不会说, 这不能不说是社会文明的一种悲哀。作为教育工作者, 我们有必要提醒他们, 引导他们, 继而唤醒那已被一层层习惯与世故压在灵魂最深处的善良本性与感恩之心。

以立己之心立人, 以达己之心达人, 让我们和我们的孩子都拥有一颗感恩的心吧, 能真正理解"滴水之恩, 当涌泉相报"的真谛和"投之以木瓜, 报之以桃李"的必要。感谢社会人生, 感谢山河大地, 感谢阳光雨露……拥有一颗感恩之心, 你会更加热爱这个世界, 更加热爱生活, 要懂得唯有懂得报恩的人生, 才是有价值有意义的人生。

第五辑

特殊的生日

何 君

【导语】

教育机智是教师良好的综合素质和修养的外在表现，是教师娴熟运用综合教育手段的能力。遇事不慌，要冷静分析，并在选择解决问题的措施时，要估计自己行动的环境和行为的后果，尽量做到以最小的代价取得最佳的教育效果。

【案例现场】

张春奇同学新买了一台"好记星"，在同学们眼中，十来岁的孩子能有一台价值一千多元的"好记星"是快乐幸福的。如果是其他孩子会和同学们一起听歌，学英语，而她却和别的孩子不一样，今天她一到课间就躲在角落里，只顾自己一个人在那里录音。平时她行为散漫，十分泼辣，自控能力比较差，常常和班里同学发生矛盾。前不久还和班里一学生打架，因为打急了，就用牙齿去咬，怎么拉都拉不住，最终几个人合力拉开了她，但是她却还很不过瘾的样子，咬牙切齿地还要打。

　　第三节下课后，录音机里传来了"赵楚，赵楚，小肥猪……"(赵楚长得不高，还很胖，学习也不好，常受他人欺侮。)正巧赶上赵楚同学进教室来，张春奇把"好记星"故意放在赵楚的耳边让她听，赵楚听到是谩骂自己的声音，气愤之极，挥手给张春奇一下，打在了张春奇脸上。张春奇正要还手时，恰巧我从门外进来，张春奇平时霸气十足，人称"大姐大"(一是长得高大，二是懂得人情事理，三是办事能力强)，这次她受气了，没得到偿还，怎会善罢甘休？她在我的注视下，拽着赵楚到我的身边，气势汹汹地手指着被赵楚扇红的半边脸，对我大吼道："老师，你看是她打的。"我当时想：你张春奇什么样我很了解的，赵楚的性格我也很清楚的，她不到万不得已，也不会出手的。我什么也不说，表情很严肃，也没有任何举动，这真是此时无声胜有声，张春奇反倒很安静了。

　　上课铃响了，第四节是体育课，我让班长为二人请了假，平静地倾听她们申诉，详细了解事情经过后，然后分别进行了批评教育，她们俩也都承认了自己的错误。

　　下午第一节是语文课，我向全班通报了此次事情的经过和处理办法。当二人在全班同学面前进行检讨后，没有想到张春奇主动去拥抱赵楚。我随即补充了一句："同学们，你们知道吗？今天是赵楚的生日。"话音刚落，张春奇可能感到很过意不去，马上说道："我们为赵楚过生日吧！"机灵的郭润泽同学马上到黑板上用彩色粉笔写下了"祝赵楚生日快乐！"同学们都忙开了，一边唱着《祝你生日快乐》，一边在做贺卡、在写书法、在找寻送给赵楚的礼物，金泽同学把《米老鼠》赠送卡通手表送给了赵楚。这时我给定制的生日蛋糕也送来了，由赵楚来切，当她递给每一个人一小块蛋糕时，我们每个人的眼里都含着晶莹的泪花。

【案例分析】

教师的关心和爱护像阳光照射在每一个孩子的身上,温暖每一颗还十分稚嫩的心,特别是那些心灵受过伤害的学生。

对学生的过失行为老师没有贸然地训斥与批评,也没有武断地下结论,而是头脑清醒,情绪镇定,在冷静、客观分析之后,辨明了情况,作出判断。在此前提下,严肃地指出他们行为方式的差错,让孩子产生内疚、悔恨、不安的心情,从而推动他们提高认识、改正错误。最后再教给他们正确的行为方式,就很容易被他们接受了。

教师能巧妙地处理事件,采取晓之以理、导之以行的方式,才能取得了最佳的教育效果,这就要求我们平时要注意观察、掌握情况。只有熟悉情况,才能在新的、意外的情况发生时,迅速地做出正确的判断并采取正确的措施。

教师的教育机智是教师在教育过程中的一种特殊定向能力,是指教师对学生活动的敏感性,能根据学生新的特别是意外的情况,迅速而正确地作出判断,随机应变地及时采取恰当而有效的教育措施解决问题的能力。

要加强对自己性情的陶冶。培养训练自己生龙活虎的、精力旺盛的、轻松而敏捷的性格特点,遇事能够冷静、镇定,即善于控制自己的感情,又能满腔热忱地工作。

心理学认为,教师对学生诚挚热爱的情感,能够感染打动学生,乃至转化为学生的心理动力,影响其品德的形成和个性发展的方向。

"十年树木,百年育人",我们用心做教育,用爱心、恒心、关心去爱护每个孩子,利用教育机智去教育他们。"教育的最高境界是不留痕迹的爱,我希望自己能够达到这个境界。"一句朴实的话道出了教育的真谛,也道出了我们对教育的态度——用心去做。我相信只要用心就一定能够托起明天的希望。

指导家庭教育，让家长做个明白人

马莉

【导语】

工作至今，我一直担任班主任工作。班主任虽说不是什么官，但是好的班主任在学生心目中是神，是灵魂。俗话说："有什么样的班主任就有什么样的学生。"从中可以看出，班主任对学生的影响是多么重要。

【案例现场】

这学期我新接了一年级的班，我班男生27人，女生16人。从这个比例数就可想而知班级的状况了。孩子们特别淘气，经常有老师上完我们班的课嗓子就会哑。当上课铃声响起，你会看到满教室的孩子都在唧唧喳喳地讲话，有的仰着脖子喝饮料的，有在比划拳脚的……没有一个孩子在安静地等待着老师的到来，没有一个孩子把老师的到来当回事。我们班的孩子还特别热情，只要有老师走进教室，教室里就响起了此起彼伏的"老师好""老师好"……，我既想满足于孩子们自发地天然的问好，我又想大喊一声："静下来！见了老师必须齐声问好！"但是"吼"对这些小不点是无效的。孩子都是好孩子，关键在于家长和老师配合共同教育。人们都说孩子是一张白纸，需要我们老师去描绘。可是，我们老师都有这样的体会，现在的孩子已不是一张白纸了，他们的好多习惯已经养成了。老师们还会发现，有些孩子身上存在的缺点，和家长接触后你会发现往往他的家长身上也存在同样的毛病。我教的上一个班，三年级时，期初需要家长给孩子订一本课堂练习本和一本课堂本簿。家长会上，本夹子、卷绳、本，发给了家长，向家长讲得明明白白怎么订。可是第二天交上来，好几个家长订错。一看都是那些做事马马虎虎，上课不认真听讲的孩子家长。

【案例分析】

其实，为人父母，哪个不望子成龙，靠自己的无私付出和精心抚育，早日把儿女培养成人，成就一番事业，是每一位家长的心愿。但是这个看似简单的目标，实施起来却绝非易事。家长是孩子的第一任老师，家庭是孩子成长的"第一道染缸"，家庭教育对孩子的成长起着基础的奠基作用，而且贯穿于他的一生。面对孩子成长过程中遇到的一系列问题和困扰，家长们常常焦虑：什么才是好的家庭教育方式？想要全面关心、培养孩子，就必须要了解、掌握、尊重孩子身心发展和家庭教育的规律，要转变教育孩子的思想观念，寻求教育孩子的有效途径，努力提高自身的素质。那些优秀的孩子，大多都是家长素质高，家教好。其实，家长的素质就事关未来公民的素质，国家应该大力开展家长教育，提升家长的教育素质。我认为新时代的教师，不会具体地指导家庭教育，不算合格的教师。因此，做好家庭教育的指导，十分有利于学校教育工作的开展。

常言说："良好的开端是成功的一半。"这说明，做任何一件事情，开端是非常重要的，一个良好的开端可以使人终生难忘，它可以成为孩子努力进取的强大动力，极大地提高其自信心。所以，对于初入学的孩子，首先应该让他能从各项活动中体验到成功的快乐，认识到学习是一种快乐的事情，而不应该一进校门就给孩子来一个"当头一棒"，使孩子害怕老师和学习。大多数幼儿对上小学都有一种好奇心和新鲜感。他们向往小学生们背着书包，神气地跨进小学大门，聚精会神地听老师讲课和专心致志地做作业；他们非常羡慕小学生们系在胸前并飘荡着的鲜艳的红领巾和生动活泼、振奋人心的少先队活动。这些都是培养孩子喜欢学习、热爱学校，并给孩子创造一个良好开端的极为有利的心理条件。只要家长老师掌握了孩子的这种心理状态，采用适当的方法，便可以保持和发展孩子的这种学习积极性并创造一个良好的开端。

【解决策略】

一、和家长达成共识——正确认识孩子。

因材施教，首先得摸清每个孩子的心理及个性特点，这就要求和家长分析学生的情况。告诉家长现在的孩子成长的环境和我们的时代有着天壤之别，不管从物质上、生活上还是精神上，都比我们优越得多，有些孩子可能在这种环境下生活得健康快乐而充实，有些孩子也可能承受不了各种诱惑而误入歧途，所以家长的教育和教师的关爱就更显得至关重要。从社会发展趋势来看，社会对人的要求越来越高，孩子是否能健康成长，这与家庭教育的关系极大，特别是行为习惯和道德品质的形成中，家庭教育甚至可以说是起着"型塑"的作用。有的家长虽然很关心孩子的成长，很注意对孩子的教育，但因没有正确的教育观点和方法，反而违反了学生的发展规律，教育效果很差，所以我们要指导家长根据不同性格的孩子出现的不同问题，施以不同的科学的教育方法。

我班的程玺铭同学，爸爸经常出差，妈妈是医院手术室的护士，经常值夜班。接送他、了解学习情况的是他奶奶。可是每次和我沟通时，他奶奶都要背着孩子把我拉到一边。我就很纳闷，他奶奶告诉我，要是让孩子看见我俩说话了，他回家就审问他奶奶："你又跟老师说啥了，你不行告状了。"孩子的教养情况是：孩子小时候，是在爷爷的脖颈上长大的。大一点由保姆带，生活完全由保姆一手包办，爷爷奶奶说教，根本不听。做事无积极性，家庭作业常马虎应付。了解到这种情况，我和孩子父亲又沟通了一次，让他改变一下教育的方式，工作再忙也要关注孩子。要正确看待孩子的错误，要和孩子做朋友，要让孩子犯了错误能主动和你说。在学校，我经常抓住程玺铭的点滴进步，在学生面前夸奖他是个聪明的孩子，上课鼓励他大声回答问题，每有进步就奖励他一个红苹果卡。渐渐地，他不但能按时完成作业，态度也变得积极多了，能接受批评了。成绩有些许进步时，那霸气的小脸上时常会露出灿烂的笑容。闲暇时还喜欢与我交流发生在他身边的事情，这时我就充当一个忠实的可爱的大朋友，边听，边频频点头。他也逐渐地信服我，尊敬我了。

二、扶一扶——我会长成参天大树。

班里有个特殊生叫孙汉雯。为何特殊？因为人长得又瘦又小，给人感觉有严重的营养不良。说话口齿不清，爱哭，爱眨眼，无法交流。经常上课铃响了，还看不到人影，我得到处寻找，严重影响了教学秩序，而且存在着不安全隐患，让我感到很头疼。在跟专科老师、家长、校长全方位商讨后，决定对他严格看管，并告诉他什么地方可以去，什么地方不能去，做错事马上帮他纠正，并手把手地教他如何准备学习用品，怎么学习。平时用良好班风影响他，教他如何与同学和睦相处，渐渐地他的行为规范多了，再也不到处乱跑了，学习有些进步。那天我在上口语交际课，他高举小手回答一个问题说："爸爸妈妈疼我，我要乖，做个好孩子，认真学习，要考100分。"我听了很震惊，也很感动。这是一棵懵懵懂懂的幼苗，还须我辛勤地浇灌与呵护，我感到自己任重而道远。

三、改变急躁情绪——每天给孩子一个笑脸。

班里还有这么一个男孩，上课回答问题声音很小，常发呆，给人感觉有点疲倦，考试成绩很不理想，可是下课就很活跃。孩子们说：他在玩耍

小学班主任成功案例集萃

137

时声音喊得特大声。我感到有些纳闷但也不觉奇怪，其实也是知道他对学习不是没有兴趣，只是专注持续时间不长。与其家长见过一面，妈妈爸爸都是大学生、文化程度高、修养好，可对孩子教育方式不一致。有时候写不完作业，爸爸会说，不写了，老师留的作业太多了，有些袒护儿子，而妈妈则脾气急躁，严格要求，可往往不能奏效。家庭教育的冲突，上学后想跟上老师同学的步伐，可想而知很难。我单独和孩子谈话后，有点改观，可没几天又变回原来的样子，没办法只能把他的位置调到前面，上课时多提问、多鼓励他。教育就是这样，一个微笑，一句鼓励，是孩子心中的一缕阳光。近来感觉他的学习态度明显好了，每当上我的课，就坐得非常端正，书写也进步了，几次成绩也明显提高。但有学生说他是装的，我又得对他进行教育，下一次开班队会，同学们又说他近来有进步，我真开心，同时也悟到教育的反复性和复杂性。

四、搞好家校沟通——发挥教育合力，帮助孩子成长。

从孩子的发展全过程看，家长无法取代老师，不具备完整的教育优势，因而家长和老师的协调沟通就必不可少。根据孩子目前和老师的关系以及老师存在的错误做法，建议家长直接找老师沟通，一是站在老师和学校的立场，以尊重老师和关爱孩子为出发点，委婉地向老师提出改进建议；二是把孩子存在问题和原因告诉老师，征得老师的认可，取得老师的帮助，互通信息，有针对性地加强对孩子学习方法、行为习惯的指导。家校结合，共同帮助孩子进步。

在第一天学生刚报到的时候，我就和孩子、家长一起开了一个题目为"重新认识"的家长会。告诉孩子重新认识自己，自己已经是一名小学生了，要遵守学校的纪律，学会与人相处，努力学习做一名优秀的学生。让家长重新认识自己，要使自己的一言一行处处为孩子做出榜样。孩子不是学您说的，是学您做的。俗话说"喊破了嗓子，不如做好样子"，通过这次简短的家长会，让学生家长一开始就了解了指导孩子的方向以及我的教育理念和教育模式，让家长觉得把孩子交给我踏实放心。这对我以后的班级管理也起到了帮助的作用。一年级的家长非常重视孩子的学习，陪孩子写作业，已经成了许多家长的"功课"。通过了解发现，陪写作业的方式有很多。有的是在孩子写作业时，坐在旁边盯着。脾气好的家长遇到孩子不会的地方耐心指导；脾气暴躁的，可能就动手了；急脾气的干脆替写上吧。有的家长是时不时地过来看看写得怎么样，最后还要细心检查。这样的做法，对孩子养成良好的学习习惯是不利的。一个人，首先是个自由的人，才能成为自觉地人。家长陪孩子学习的时间越长，角色越接近于监工。而孩子从骨子里是不喜欢监工的，他最多是表面暂时屈服。陪写作业的时间长了，孩子就有依赖心理，就不会独立学习。因此，我就给家长打印了一篇文章《不陪才能培养好习惯》。同时，我也减少作业量，降低作业难度。我每天晚上都要打3个家访电话，不一定打给谁。目的就是监督了解孩子在家的学习情况。第二天来到学校还要总结表扬。一段时间后，家长反馈，孩子自觉了，不害怕作业了，家长轻松了，家庭气氛和睦了。

在近一个学期的交流咨询中，家长通过学习认识到自己以前的错误教育方法是造成孩子问题的根源，说出了"看来我要先改变自己才能改变孩子"的深刻认识。听了这些，想一想孩子的笑脸，让我感慨万千，只是因为教育观念的转变，自身教育素质的提高，就给家长们带来这么大的转变，给他们的孩子带来了这么多的自信和快乐。家庭教育的威力太大了，真是魅力无限呀！作为一个中华家庭教育志愿者，一个正在学习的中国家庭教育指导师，我觉得帮助别人，就是快乐自己，内心充满了喜悦。这就是家庭教育的魅力，愿我们所有家庭都树立正确的科学的家庭教育理念，建立和谐家庭。家庭和谐了，社会才会和谐。

这个学期末的家长会，我的主题是指导家长利用假期培养孩子的读书习惯。家长会的题目是"关掉电视，打开书本"。外界环境条件是孩子读书的外因，父母的素质、住房的条件、家庭生活习惯、住地环境的氛围等诸多方面均是影响孩子读书的因素。忽视文化知识，抱有"读书无用"思想的家长，很难培养孩子的读书习惯。因此，父母应起表率作用，多读书多看报，不断更新和增长知识，对孩子起到潜移默化的作用。家庭生活习惯也要注意，如果小孩看书，家长应该压缩看电视的时间或放小音量，最好是放电视的房间与书房隔绝，避免声音对孩子读书的干扰。另外，最好给孩子创造一个小天地，有明亮而柔和的光线，舒适的桌椅，实用的书柜。创造这样一个适宜放松的环境，使孩子感受到读书也是一种享受。节假日、双休日或孩子的生日，把孩子带到书店看一看，选购几本他喜欢的新书，或经常带孩子去单位的阅览室、图书室或市、区图书馆，这对孩子养成良好的读书习惯是大有裨益的。

【解决效果】

经过近一个学期的了解及教育，这群"小不点儿"有了一定的进步。班会上，我和他们共同制订班规、班级公约。正如人的性格不是一朝一夕就能改变的一样，要让孩子彻底改变是要经过长时间的努力。现在，班级里大部分学生对老师尊重，对上学、学习有了明确的认识，能和同学和睦相处，主动参与劳动的学生越来越多。面对孩子的进步成长，我深知父母和老师始终细心而又充满人性的教育方式太重要了。"教育的道路是曲折的，前途是光明的。"可是，现在班级里还有一部分家长，忙生意、忙事业，往往是临渴才掘井，发现自己的孩子落后很多了才来关心，表现为被动教育，这样不利于孩子成长。让我们为共同的目的一道担负起对孩子的教育吧!

【总结与反思】

没有哪一位教师,不想教育出好的学生。但单凭教师的力量,是远远不够的。良好家庭教育环境的创设需要教师和家长的共同努力,教师在做指导工作时,一定要做到"三个要":一要细致地观察了解每个孩子的情况并掌握每个家庭的特点;二要研究家长心理,设身处地地为家长多着想;三要取得家长的信任,要有切实可行的具体指导。在"三个要"的基础上教师还要争取"三个达到":一与家长达到在教育目标上取得共识,二与家长达到在教育内容上相互配合,三与家长达到在教育方法上力求一致。只有这样,才能达到进一步优化家庭教育环境的目的,使家庭、学校之间形成合力,促进孩子各方面素质的发展。

"兰花指"变为"大拇指"

——解决"男孩不男"的问题

王妍妍

【导语】

现在社会上早已出现了太多这样的现象,超女中的中性装扮,快男中的伪娘惊艳,不仅没有让我们反思,反而成了追逐崇拜的对象,被追捧,被宣传。将这种性别模糊的明星当作学习的榜样,认为更有个性,也更时尚。而这些都是真实的事件,要么发生在你周围,要么出现我身边。而往往我们总是一带而过,一笑了之。这个笑的背后绝不是笑话,讥讽,也不是认为有趣, 稀奇, 而更多的是无奈和忧虑。

无奈于我们看到了现象却没有切合实际的方法和形之有效的指导。而这些问题的出现明显是性别教育缺失造成的, 到目前, 除了简单的生理卫生等教育之外, 我国还没有专门的性别教育课。目前学校、教育界, 特别是很多家庭, 还没有意识性别教育的重要性, 值得提醒您的是性别教育, 不等同于性教育。

【案例现场】

在我曾经教过的一届学生中, 有这样一个插班男生: 高大, 壮实, 小学四年就有175厘米的身高。在外人眼里他是个顶天立地的大男儿, 可在同学眼中, 老师心里, 他却是个温柔, 细腻, 有些女孩气的小男生。平日里说话总是爱翘兰花指, 笑时也总用手遮挡住嘴, 莞尔一笑, 走路更是忸怩作态, 如同T型台上的女模特。看着他身材和举止上的巨大反差, 真让人不敢相信。更令人觉得惊讶的是, 在学校众多的兴趣小组中, 他选择了扎绢花。据艺术活动队的老师说, 他扎花的技艺在班上是数一数二的, 而且心思细腻, 心灵手巧, 做出的作品总是学校展览级别的。真想不到那样一双粗大的手, 居然能这么细心, 耐心地做手工。而平时班级中的他也更是好好大叔, 和女生总是打成一片, 有的是话题, 有的是语言。

【案例分析】

那究竟是什么原因造成了越来越多的"男孩不男""女孩不女"呢? 通过大量的文献资料和生活中的事例, 我们不难将男性化女生的形成原因分为以下几种:

一、家庭教育中的"性别缺失"。

1. 家庭生活中缺少父爱。

传统的观念认为, 社会角色分工不同, 大多数家庭还是"男主外女主内"，特别是有孩子的家庭，父亲疲于奔命，无暇顾及孩子的成长，或者又以工作忙为借口，将教育问题推给母亲负责。父亲在孩子的家庭教育中相当一部分已经淡出家庭了，这就使男孩子缺少学习的榜样，导致父亲的阳刚、果敢、坚韧这些品质，无法充分影响到孩子。

2. 家长过度包办代替。

家庭中多以母亲为中心，妈妈在陪伴孩子成长中总是扮演苦口婆心的角色，生怕孩子有什么闪失。为了避免孩子在生活中遇到困难，多半是想在先，做在前，无形中使得原本具有探索、冒险、勇敢、坚强的男生变得娇滴滴的，行动扭扭捏捏，比女孩还要胆小怕事，更不会主动解决问题，而是遇到困难急流勇退，躲在母亲背后，等待母亲的挺身而出。

3. 男扮女装满足家长的心理需要。

二、所处环境中女性比例大。

孩子每天活动时间最多的地方是学校，而目前中小学教师多数都为女性，这种比例过高也是造成男生女性化的重要原因之一，而这种现象在小学中尤其明显。

这也只是提到了学校生活，其实生活中也处处可见女性的身影。孩子离开学校，离开家，在更广阔的天地里认识社会，了解社会也多从女性那里获得。商场中的营业员，酒店饭店的服务员，游乐场中的售票检票员多为女性。生活处处都充溢着女性温婉柔和的氛围，男孩自然少了血气方刚，少了坚毅果敢。

三、传统教育评价失衡——尊重女生压抑男生。

传统的教育是要求孩子听话，按照老师的要求做事情，这才符合好孩子的标准。虽然课改十几年不断在强调素质教育，强调个性差异，但目前的考试仍然以学生被动学习的内容为主，知识点的考察也体现在对学生的细心、耐心、周全、安静等能力的考察上,这更适合女孩的思维方式。与女孩不同,男孩更倾向于以运动、实践操作、参与体验的方式学习。因此考查方式的偏向导致男孩们习惯用女孩的思维方式处理问题,久而久之对其性格也产生了影响。

有了上面的分析,再来看看我班的这个大男生。

观人于微的我,在多年班主任工作中,早已炼就了一双火眼金睛,通过半学期和他的相处,我发现了这个孩子身上些许的问题:总是爱伸出兰花指,课堂上相对内向,及时发言也显得格外羞涩,有时遇到不好意思的事情,总会把头转到一边。于是我找来了家长,和家长共同分析了孩子的情况。通过了解才知道,因为父母都是大龄后才生育了这个儿子,又是家中的独子,父辈的单传,所以全家上下都呵护有加,更多的时候是在困难发生前就直接预防到位。孩子没有机会自己独立面对生活中、学习中的问题,因此也更没有解决问题的能力。真的是"含在嘴里怕化了,搁在手心怕掉了"完全地依赖于家长的庇佑,根本没有挫折教育,对自己缺乏自信心和认可度。再加上父母都是搞化妆品生意的,平时孩子所接触的人多为女性,又都属于爱美,善于捕捉女性魅力的人,孩子在潜移默化中形成了比较阴柔的性格和举止。

【解决策略】

知道了这些信息,作为班主任便能对症下药,帮助孩子建立自信,找到自我,有机会也有勇气地面对困难和挫折。莫泊桑说过这样一句话:"只要有一种无穷的自信充满了心灵,再凭着坚强的意志和独立不羁的才智,总有一天会成功的。"

之后我便利用一切机会锻炼他阳刚之气。班级劳动中选脏活、累活让他承担,事后在班级中刻意渲染他热爱劳动,不怕苦的精神;运动会时让他选择自己相对擅长的掷垒球，平时督促他训练，找对手和他PK，增强其体质，建立其信心；培养他当体委，带领同学们游戏，组织体育活动，并做好日常列队的训练。而当他的工作完成不认真时，以提醒鼓励为主，增强他的信心，反复出错也绝不姑息，一定严厉批评，让他体会严格要求的作用，体会挫折带给他的成长。我还给他推荐一些关于男孩成长的书籍，如《男孩的冒险书》《真正的男孩》，让他通过阅读找寻到男孩的特质和优势，从而重新调整自己。而与此同时我也让他的父母积极配合，在家里让他扮演承担的角色，比如搬货，理货。当学习和生活中遇到困难，家长也不要马上出现，而是让他靠自己的行动战胜困难。

【解决效果】

就这样我们坚持了两年时间，他也逐渐由那个"兰花指"变成了同年级中个子最高，体态最健硕，性格独立坚强的大男孩，而我们也都由衷地为他竖起了"大拇指"。后来他上了初中，却在紧张的学习之余喜欢上了打架子鼓。一次他外出比赛，还特地给我打了电话，让我去看他的表演，当我看着他淋漓尽致地挥洒手中的鼓棒时，听着他击打出的强烈的声音，我看到了我的桃李正在吐露芬芳，也正成长为一代栋梁，一个血气方刚的男儿。

其实在改变这样男孩的时候，我们就要告诉他们抗挫折能力就像人生的疫苗，只有经历了才会使男孩成长为男子汉，造就韧性，由铁变钢。

【总结与反思】

青少年性别认同模糊是不容忽视的问题。因此参考众多专家的观点，提出如下建议：

一、家庭教育建议

建议一：如今的独生子女都没有性别参照物，因此，家长应有意识地培养孩子的性别特质，有意识地鼓励男孩子冒险、质疑，女孩子文静、秀气，进行"男人教育"和"女人教育"。不要给孩子异性装打扮，帮助孩子欣赏、强化自己的性别认同。

建议二：家长作为孩子生活中的老师，应该时刻关注孩子的心理感受，给孩子以恰当的爱，接受孩子的性别，而不是按照自己的想法实行不科学的育养方式。在家庭中要强化孩子和同性别父母的关系。

建议三：减少影视作品中性别模糊现象对孩子的消极影响，抵制青春剧中男演员女性化和女演员"野蛮化"的倾向。老师和同学不要对学校里有类似表现的孩子产生歧视，要避免"贴标签"似的评价，指导和鼓励孩子正常地同异性朋友或同学交往。

二、学校和社会教育建议

建议一：提高学校领导、教师、管理人员对性别教育的必要性的认识，形成全员重视性别教育的环境氛围。

建议二：将性别教育纳入学校整体的教育、教学规划中。

建议三：在社区或学校建立"青少年性心理课堂"，普及青少年性心理健康教育。学校应重视将"性别教育"纳入中小学生心理健康教育体系之中，抓好性别教育，提升整个民族的综合素质。

建议四：培养教师掌握科学的性别教育方法，具有现代性别意识。

建议五：开展丰富多彩的校园文化活动，利用第二课堂实施性别教育。

建议六：通过请进来，走出去的方法，利用社会资源，尤其是妇联资源做好性别教育工作。学校应引进性别教育。

建议七：让学生在学校生活中扮演更多的社会角色，从而较早地明确自己今后的社会分担和责任，以及义务。

建议八：在班主任工作，对于男生更应加强挫折教育，要在学习和生活中有目的，有层次的设下困难。让他们通过一次次摸爬滚打，从跌倒中爬起，学会正确对待困难和挫折，坚强、坚持地走下去。

前苏联教育学家苏霍姆林斯基曾说过："青少年时期是一个真正的男人和女人诞生的时期。"可见青少年的性别教育在其一生中将起到重要作用。

你的寂寞逃不过我的眼睛

——解决插班生心理问题

王妍妍

【导语】

法国教育家卢梭有句名言："表扬学生微小的进步，要比嘲笑其显著的恶迹高明得多"。不仅教育大师这么认为，在平时的工作中，也常听有人说："表扬能使一个孩子疯狂。"是的，当他的闪光点被老师或同学无限放大时，他会在这份光环下闪耀很久，绝不会一瞬即逝。对于这些新转入的学生来说，他们最希望得到新环境下老师和同学的认同和赞赏。所以我们的老师必须拥有观人于微的能力，利用最短的时间捕捉他们身上最突出的闪光点，即使很难寻找，也一定要用放大镜或是显微镜竭力捕捉。然后以小见大，以点带面地评价他们，帮助他们建立信心，在新环境下扬长避短，优势发挥。

【案例现场】

说到这一点，很多有经验的老师都会这么做。在这里我也想举个在我的工作中发生的小例子，与大家分享。

记得，我在教三年级的时候，学校中有个新来的同学硬是要转入我班。因为班级中本来人数就比较多，所以面对新转来的同学，总是不太情愿接纳。

但是了解到孩子就是因为我们班的风气正，班级氛围和谐融洽，因为老师和蔼可亲，才硬是求学校进入我班时，再看看这个孩子闷闷不乐的表情，为师九年的我，捕捉到了她内心的不快乐，而这份不快乐正等着我对她的改变，于是我稍作犹豫后，欣然接纳。

在日后的相处中，我发现这位新同学晨晨学习没有问题，成绩也一直不错，但却总是没有笑容，也没有知心的伙伴。班里原来的同学总是想方设法接近她，但又总是被她冷若冰霜的表情折煞，没了亲近的勇气。看到一个孩子不是因为成绩转学，而是因为不快乐才换了新环境，我心里更加着急。学习成绩不理想，可以通过辅导，练习帮助其改变，找到兴趣，提高成绩；而性格上的原因，心理上的排斥是很难改变的。

【解决策略】

面对这么棘手的问题，我没有放弃，而是通过和家长的反复沟通，了解孩子不快乐的根源。其实这个孩子是因为在原来学校始终没有被老师认可，学习上出现抵触情绪，导致性格上的叛逆和小孤僻。再加上突然来到一个陌生的环境，她完全将自己封闭起来，不愿意轻易走进身边的伙伴和老师了。

在后来的日子里，经过几个月的观察和了解，我欣喜地发现，晨晨头脑特别聪明，几次数学考试中总是名列前茅，但却总是一副宠辱不惊的样子。我心里暗想：看来，这孩子对学习上的兴趣不大，不能足够的证明她的实力。于是我就在生活总努力寻找她的优势。此时，班级中正好盛行玩魔方，看着男同学们热火朝天的研究、摆弄，她貌似动心了，总是在课间专注地盯着男生手里的小魔方。抓住了这一点后，我便亲自买了一个，在放学后送给了她，并悄悄地说了几句话。经过一周的准备，班级搞了一个初级的魔方大赛，晨晨在大赛中一举成名，成为班级中的"女中豪杰""后起之秀"。这下子，她彻底兴奋了，再加之我又冠以她"祖师"的封号，鼓动其他同学都像她学习，更让她眼里放光，重拾自信了。接下来的日子，同学们都纷纷拜她为师，讨教魔方的玩法和窍门，而她也毫不吝啬地一一传授，同学们又冠以她"祖师奶奶"的外号，这让从前那个"冷面女生"有了转到我们班级后的第一次笑容。

其实对待这样的插班生，我们更多的就是要做到一点：通过详尽地了解，去发现，去捕捉其优点，从而建立他们的信心，同时也在班级舆论上给予扶持，让其他同学都能心甘情愿地走近她，走进她。

就是这样一次悉心的发现，一次提前的渗透，一次卖力的表扬，让她告别了心门的紧闭，而敞开了心扉，拥抱灿烂的笑容。

其实在班级中，这样的事例还有很多很多，看到插班生的书桌堂整齐干净，我们可以肯定；看到他们列队迅速，我们可以表扬；看到他们值日认真，我们可以赞赏；看到他们每一处优点，我们都可以不吝溢美之词，充分帮助他们建立自信，找到方向，重拾内心强大的自己。

【解决效果】

如果说那次笑容从此激活了她，是不够准确的。在后面的日子里，她和我之间还发生了许多故事，才真正地改变了她。在上学期学校的口语表达比赛中，原本选好的五个参赛选手因为有人临时有事而缺少一人。这时我临危受命，将这个机会给了晨晨，她也真的欣然接受了，并下了一番工夫，回家后还兴奋地把这个消息告诉了妈妈。可想而知，面对孩子从前和现在的转变，她的母亲一定是分外地兴奋。

可是计划总是不如变化快，缺席的选手又准时出现在班级，并要求代表班级出征。而此时的我却出差在外，没有可能会解决这样的问题。就在我们都看似尴尬的局面下，晨晨做出了这样的决定，将机会留给原来的选手，自己主动退出比赛。就这样原来的五个选手带着晨晨的嘱托和信任走向了赛场，取得了年级第一的好成绩。

回来后，当孩子们兴奋地告诉我比赛成绩的时候，我沉浸在喜悦中的同时，心中不免一震。晨晨会不会因为这个事件，又将自己封闭起来呢？于是我把她叫到身边，问她："姑娘，为什么你没参加比赛呢？""我觉得，格格的能力更强，更能比出咱班的水平，所以我就让她去了！"看着她，我又问："那你就没有一丝的失落吗？毕竟你也是老师钦点的选手，而且做了充足的准备？""老师，其实我心里没难过，我就想着让咱们班比出好成绩，而且从能力上我也确实不如格格，我愿意和她找出差距，奋起直追！争取下次代表班级比赛！"

听着晨晨掷地有声的回答，我不仅感叹她心中的集体荣誉感，感叹她的度量，更感叹她真正走进了这个班级，敞开了自己的胸怀，拥抱了同学，拥抱了我，拥抱了班级。

就在这个学期的期末考试中，她荣膺学年第一。当我将好消息告诉她母亲时，我听到了电话那头兴奋的叫喊声和咚咚的蹦跳声，我由衷地为她高兴，这个曾经寂寞的女孩，不再寂寞，她早已绽放了自己绚烂的笑容。

【总结与反思】

心理学家威廉姆斯认为："人性最深刻的原则就是恳求别人对自己的关怀。"因此，班主任应该在插班生身上倾注更多的爱与关怀，使他们尽快融入新的班集体，适应新的学习的环境。

一、亲切迎接，拉近距离。

在我的班级，每每遇到插班生新到班级的时候，我都会把他安排在座位比较靠前的位置，让他和我比较亲近，然后和他进行简单的交流，有时还可以加上肢体的语言，摸摸头，拉拉手，拍拍肩，这些看上去小儿科的动作，会让插班生更快地拉近老师和他们之间的距离。

二、熟悉环境，喜爱校园。

环境的陌生是使插班学生焦虑的重要原因，面对这种情况，老师可以安排同学或者亲自领着学生去熟悉新校舍。从整洁、优雅的校容校貌到现代化的教学设施再到实力较强的师资队伍，详细的介绍并配以生动鲜活的事例，使插班生对已经走进的学校由陌生到熟悉再到喜欢。这样便坚定了插班生转学的信心，也打消了其心中不少的紧张忧虑。

三、发现差距，悉心呵护。

转学生总是因为在原来学校找不到满足感和认同感而更换了新环境。所以他们在一些方面总会和原班的学生形成差距，只有及时发现，并循循善诱，才能让他们查缺补漏，更好地适应班级生活。

1. 心理上正视。

作为一名教师，特别是班主任，应该公平公正地对待每一位学生。不能将转学生和原班学生截然分裂，片面消极地将插班生视为另类。在平时的教育教学中，经常听见老师们发牢骚：这次转来的学生糟糕透了，学习成绩差不说，还专门在班级中捣乱，影响了班级班风。简简单单的几句话，说明该老师对插班生极大的偏见。只要是班级中的学生，我们就应该一视同仁，而不能带有色眼镜去对待他们。相反的，应该对他们更加关爱，因为他们比别人更加需要关心与爱护。而这份"偏爱"也不违背公平公正，反而会将一碗水更好地端平。

2. 行动上爱护。

心理学家认为"爱是教育好学生的前提"。对于转学生，我们应该主动亲近他们，敞开心扉，以关爱之心来触动他的心弦。"动之于情，晓之于理"，用师爱的细腻去温暖他，感化他，从而"亲其师，信其道"。

3. 理论上支持。

俗语说："人言可畏"。特别是对于刚刚转入的学生，应满足他们对友谊的需要。同学的关心和帮助对于新转学生来说，是必不可少的，同学的力量有时胜过老师。所以在校期间应该充分建立起友谊的桥梁，通过班会等形式从舆论和思想上号召班级中的同学一起行动，课余主动找新同学玩耍，谈心；课下也要通过电话或互联网等手段表示关心；在活动中带着他们主动参与。这样他们之间就会无话不说。还要鼓励同学们发现新同学的优点，真诚地接纳他们，感受到同学给自己带来的快乐，为他们创造一个温暖的学习、生活环境。

四、重视与科任老师的协同努力。

教育是一个复杂的过程，是一个需要协同合作的过程，对于插班生的关注和培养，绝不是班主任一个人单枪匹马就能完成的。我们只有和科任老师协调好关系，把插班生的背景正面地、公平客观地渗透给科任老师，才能让他们对这些孩子更加关注，更能有的放矢地对其培养和教育，从而避免很多因为转学后特殊的行为特征和心理而造成的对插班生的误解。只有这样，才会更积极地促进插班生在新环境和新师生的融合，更加事半功倍。

千教万教教人求真，千学万学学做真人

刘晓辉

【导语】

陶行知先生说过："千教万教教人求真，千学万学学做真人。"教育的首要任务是教学生如何做人。当今，独生子女越来越多，任性、自私等问题已日益突出，说谎行为更是让人担忧。我带的班级学生中，有个别学生由于各种原因，就有过说谎的行为。因此，对学生进行诚实、守信的教育就显得尤为重要。

【案例现场】

窗台上摆着很多同学种植的植物。这天，小明跪在小椅子上观看，他顺手拽了一根麦苗，看我没看他，就把麦苗塞进暖气罩里，又拽了几根又放到暖气罩里。后来被其他同学发现告诉了我，但他还说："老师，不是我，我没拽。"中午吃饭时，他把不爱吃的菜放在林林的碗里，偏偏林林是个厉害的主，就是不让放。这样，两个人你拿给我，我拿给你。当我看他俩时，小明却抢先说："林林往我碗里放菜。"而林林也不甘示弱地说："是明明先放到我碗里的。"我说："老师也看见了，是明明先放到林林的碗里的。"他还坚持说不是他先放的。而我严厉地又说了一遍，他竟哭着大声说不是他。

【案例分析】

究竟什么原因引起他不愿承认自己的错误，甚至为了遮掩自己的错误到了说谎的地步。放学时我与他妈妈进行了交谈，从他妈妈那里了解到，他从小在他爸爸、妈妈身边长大，但由于爸爸、妈妈工作忙，每天有年迈的奶奶带着。他从小调皮、爱动、脑子转得快。出去玩到处乱跑，奶奶撵不上他，怕他摔倒，就经常吓唬他说："你再跑让收破烂的给你收走了。"有一天，他跑远了，看不见奶奶了就大声哭起来，这时正好来了一个骑三轮车的叔叔说要把他送回去，他以为是收破烂的要把他带走，吓得使劲地大哭，晚上睡觉时在梦中还大声地哭。从那以后他就特别的胆小，不敢自己在屋里玩，不敢做危险的事，处处都十分小心。经常缠着大人陪他玩，在家里又非常调皮，经常犯点小错误，爸爸经常批评他，为了逃避批评，他就开始耍起他的小聪明，经常会找一些理由为自己辩解，但由于爸爸、妈妈工作忙没时间听他辩解，有时他能逃避惩罚。

【解决策略】

首先，要明白孩子也有自尊。给他一个被原谅的机会，不在集体面前揭露他，单独和他谈谈。一方面表示对他错误的理解，提出遇到这样的事情的解决办法。另一方面引导他换位思考，让他知道他的行为会给别人带来不快乐。让他知道出了问题应该自己承担，不能赖在别人身上。

其次，讲些有关勇敢的故事加以引导。平时善于观察，在他遇到困难时，给予及时地帮助，鼓励他去战胜困难。对他多进行胆量方面的训练。

再次，给予孩子母亲般的关爱。让他觉得老师也像妈妈一样关心他，使他具有安全感，减少他心中的压力。另外和他建立朋友关系，使他愿意与自己交流，相信老师理解他的一些行为。

最后给明明的父母建议，无论多忙，都要抽空多陪陪孩子，以博大的胸怀，男子汉的形象影响孩子，养成敢作敢为的良好习惯。通过多方面的教育，现在明明的胆子大了一些，有时对自己的错误也能勇敢地承认。相信经过家校的配合，明明一定会成为一个勇敢的孩子。

【解决效果】

在接下来的一周，孩子都能及时完成作业，若课堂上有遗漏的作业，放学前也能及时补完。同时见到老师也不再是惧怕的表情，能积极主动地和老师打招呼。家长也参与教育工作中，能积极检查，监督学生的作业。孩子做错事的次数少了，说谎时也会及时调整自己。做了错事，也能来我这主动承认错误。没事还能和我交流，主动帮助其他有困难的学生。

【总结与反思】

当孩子有了缺点、犯了错误的时候，我们应用一颗宽容之心、平常心去看待孩子成长中的问题，他们毕竟是年幼的孩子，有自己的思维方式，有与生俱来的天真、稚拙与顽皮。在成长的过程中，他们有犯错误的权力，老师应结合孩子的生活经验，触动孩子的内心体验的教育，最有效地要让他们通过思考，去看清自己的缺点，改正错误。

给他属于自己的天空

付丽秋

【导语】

"教师具有一种双重作用：他们以自己的人格和个性激发学生的热情，同时创造具有更广泛的知识和更坚定的目的的环境。他的作用是避免浪费。"在我国的学校里，这种整合环境的责任很大程度上集中体现在班主任的身上。班主任可以影响学生的发展，但不能决定学生的发展，更无法替代学生的发展。班主任影响学生发展的主要途径是营造有利于学生发展的文化环境，是通过班级文化来影响学生。而学生的发展，是学

小学班主任成功案例集萃

生作为成长中的主体，在环境的影响下，自己主动选择、体验、尝试、修正的变化过程；是学生作为学习主体走向成熟、走向自觉、学会正确对待自己、对待他人、正确对待社会与自然的成长过程；也是其主体意识与主体能力形成与发展的过程。

【案例现场】

"老师他又在走廊跑跳了。""老师周昊辰又打人了。"……面对这每天接二连三的告状。刚接手二（五）班一周的我，发现班中学生对于学校的日常生活和学习还未完全适应，每一项规章制度对于他们来说是有些陌生的。行为习惯极为懒散，一点小事就喋喋不休的争吵。我常在思索：如何抓住这批孩子的心，引导他们自我教育，促进整个班风的优化呢？

【案例分析】

前苏联教育家苏霍姆林斯基说："真正的教育是自我教育。"班主任应该积极发挥学生的主体作用，给学生提供一个自主管理、自我教育的机会，让学生自我成长，从而实现"以学生为中心"的"自主管理"。

【解决策略】

一、常规教育方面

1. 充分利用班队会的时间学习《小学生守则》和《小学生日常行为规范》，并在日常学习的过程中让学生知道什么行为是对的，什么是不对的，使学生养成良好的学习和生活习惯。我和几个班干部精心组织了两个主题班会和两个专题活动，记好三个"本"以帮助学生端正学习态度，引导他们形成"自己定下目标"、"自己要求进步"的意识。并且我在班级设立"小小监督员"，专门负责监督检查学生的日常行为，并在周末时间进行总结。通过监督员的汇报，评出"最佳表现奖"。对表现不够好的学生，及时进行点拨、指导，加强教育。

2.合理利用升旗仪式、重大节日,加强学生的德育教育。这学期利用国庆节教师节等重大活动举行一些有意义的主题班队会,使学生懂得做人的道理,培养其爱国主义情感。同时,让学生在各种活动和劳动中学会合作,学会生活。

各项活动中的教育阵地的作用,增强学生的荣誉感,使学生心中有他人、有集体。

二、班级纪律方面

一个班级,要想有良好的班风,必须要有良好的纪律才行。因而,我从以下几点入手:

1.课堂纪律

首先师生共同制订班规班纪,并制订相应的奖惩办法。这样学生既感到有趣,又有动力,而且可以在不知不觉中遵守纪律。由于是孩子们自己制订的,这样变被动的各种要求为主动的行为,有助于学生将文字内化为行为。我们班的宗旨是"说到就要做到。"

2.课间纪律

课间是学生轻松休息的时间,良好的课间纪律将会给整个校园带来活跃而轻松的气氛。然而,丰富多彩的课间活动,就是解决课间纪律乱的法宝。我将针对学生的年龄特点,采用师生共同参与的方式,开展跳绳、做游戏、拍球等活动,使学生既健体又受教育,还能增进师生之间的感情,扩大交流的空间。同时,学生要注意的危险活动和场地,寓教于乐。

3.路队纪律

为了让学生养成良好的行为习惯,适应集体生活,将在班级开展"路队小标兵"评比活动,使学生不仅做到快、齐、静,而且能够进行自主管理。每一个路队将分别设立一个小队长,每天定时向班级汇报路队情况,及时监督，及时管理。

4. 卫生纪律

讲究卫生很重要。俗话说，病从口入。收拾好卫生，既能使身体健康，又能养成良好的生活习惯，还能创设一个良好的学习环境。

（1）个人卫生：要求衣着整洁，做好"三勤"，桌箱勤清，物品勤摆，两操勤做。

（2）班级卫生：每天早、中、晚分派值日生清扫，设立卫生监督岗，进行检查与监督。对于主动、及时打扫卫生的同学或小组，进行奖励。同时利用花草美化环境，并进行爱护环境和花草的教育。

三、班干部的培养方面。

班级管理光靠班主任一人来管理是不够的，而班干部却是班级管理的小助手。这学期我将采取班干部轮流制（包括班长和组长），使班级管理再上新台阶，让每个孩子的潜能都得到充分的挖掘，培养有个性的人，使孩子们学会学习，学会生活，学会合作。

四、做秒针不停步，增强个体自我教育能力。

班级教育管理以学生为对象，除了通过集体教育关注每一个学生外，还要经常做个别学生的工作。因为没有个别学生也就没有班集体。我们班学生中，学业不良，或情绪、心理、人格障碍的孩子也有几个。在对他们的教育中，应了一句俗语叫"一把钥匙开一把锁"。也就是在对这些孩子的自我教育能力培养中，不能持之过急、宽泛笼统。首先要诊断问题，摸清原因，再来对症下药，才能药到病除。

每个孩子都有其特殊性，尤其是"问题生"。我在教育中的原则是迈小步，不停步。所谓"迈小步"就是给每个孩子的起始目标不高，不同的人也有着不同的目标。例如：对于由于自卑表现出过度防卫的小查同学，我与他商量后，决定最先达到的目标是不打人。虽然他还有上课不能静下来，作业马虎等非常多的问题，但刚开始时就告诉他你这也不对，那也不对，这边改，那边改，孩子反而会无所适从，无动于衷，甚至破罐破摔。相对小查而言，"打同学"是最突出的问题，心理暗示以这个为切入口，我用随机面谈，互定合同等方法干预，几个月下来，孩子自我情绪控制、自我管理方面取得了明显进步，小查几乎很少再有打人的情况发生了。有了这一项的成功体验，我鼓励他再立目标，不断努力，不断进步。

"不停步"就是说教师在对一个孩子的干预中必须持之以恒，不能忽冷忽热或有头无尾。曾经有位心理学家说过："最好的管理纪律的方法是建立私人情感关系。"我几乎每天都有两三分钟与这些有问题的孩子进行私人谈话，除了了解他们的思想动向和内心世界，更是表达我对他们的期望、信任、关怀等。例如：每周两天我管饭，便浩辰会跑来帮我分饭，分饭中或分完饭他在我旁边吃时，我们便会聊上一阵；再如：凌玉波"家校联系"速度慢，常会留下来一个人在教室抄上二三分钟，我趁整理一下教室的机会，与他稍作交谈。这些交谈看似"漫不经心"，但却最能深入孩子内心。不要只在孩子犯了错时才找他谈话，那样他会有一种挫败感。如果孩子建立起心理防御，老师的教育恐怕"扎"不进这层硬壳。所以，不如在这些看似"茶余饭后"的闲谈中亲近孩子，引导孩子自我管理。这是体现教育的"无痕"吧。

【解决效果】

一学期来，告状的少了，打仗的几乎没有了，孩子们大都养成了自我约束的习惯。每位学生都能完成好自己的每次作业，整理好自己的课桌，戴好自己的红领巾，讲文明、懂礼貌等，形成较好的班风。大部分孩子的行为习惯提高了，孩子们能自己解决生活中的一些小事。最值得高兴的是，期末还被评为全面发展班级。作为班主任，一直在引领、示范、保护、整合和协调中度过，努力营造着优秀的班级文化，担当着促进班集体形成与发展的责任。

【总结与反思】

作为班主任，一直在引领、示范、保护、整合和协调中度过，努力营造着优秀的班级文化，担当着促进班集体形成与发展的责任。但是通过反思，我觉得如果我们承认"以人为本"是现代教育的基本原则的话，那么，所有的班主任的工作全都是面向集体中的每个成员的，但恰恰这个方面，是很难做到的。在最近的家访中，蔺百合家长的话引起了我注意，她说："学校的活动太好了。我想是的，要尊重每个孩子的个性差异，就必须提供不同的帮助，使其在集体交往中得到不同程度的发展。"是呀！这并不是举行几个活动所能解决的。我想这也是我们今后该努力的方向。希望随着自主管理活动的不断深入，学生与我共同努力、共同发展、共同进步。我们会让我们的孩子在二实验的生活中真正学会自己需要的。如果整体的班风班貌得到了提升，就一定能为班级自主管理起到推波助澜的作用，甚至能达到事半功倍的效果。

冷处理——教育的一剂良药

马文华

【导语】

现代家庭中, 独生子女居多, 孩子们在家中都是"小皇帝""小公主", 享受着父母、长辈们含在嘴里怕化了的宠爱。他们早已习惯了"衣来伸手, 饭来张口"的生活。他们每天生活在赞许的目光下、表扬的话语中, 脆弱的心灵经受不了丝毫的挫折。遇到问题, 不是行为过激, 就是选择逃避。对于这样的问题生, "冷处理"不失为一剂教育的良药。

【案例现场】

因为孩子们刚刚入学不久, 为了防止他们午休活动出什么意外, 每天中午我都会在班级门口迎候孩子们的队伍, 直到他们全都走到座位, 做好准备, 开始上专科课, 我才能离开教室。

那天中午, 我跟往常一样, 站在门口等待着孩子们走到自己的座位坐好。咦, 我猛然发现, 在第三排有一个空座, 那是小新的座位, 我马上调查小新去哪了。原本安静的教室, 顿时炸开了锅。

"他在操场上, 怎么叫他, 他也不回来!"

"他躲在男厕所里。"

"我俩拽他, 他不但不回来, 还骂我俩……"

大家七嘴八舌。

"好了, 大家安静。谁能告诉我到底发生了什么事?"我急了, 怎么才开学第二天就丢了一个孩子呢?

"老师，刚才站队时，他推前面的同学，不好好站队，我让他别推了，好好站，他就生气跑了，我们怎么也拽不回来……"负责站队的小朋友解释道。

我不由分说，到处找他。最后在男厕所边上找到了他。无论怎么说，他就是不肯回来。没办法我只好找来了他的家长。据家长说，他的父母四十几岁才有了这个孩子，在他们眼里，这是上天赐给他们的，所以起名为"天赐"。而他又是家里几代的独苗，家里人什么都依着他，从没受过任何委屈，而且孩子的自尊心很强，胆子小，受不了别人说"不"……

用了两节课的时间，沟通结束后，家长离开了。可孩子还是说什么也不肯进教室上课，东躲西藏，自言自语说："同学都看着我呢，我不好意思进屋。"后来我出了个"好主意"，"同学们都在认认真真地听讲呢，你躲在我身后，咱俩一起进去，你马上回座，就一定没有人能看到你。"我朝他挤挤眼睛，神秘地说："行吗？"他疑惑地看着我，"真的可以吗？"他一边说，一边用手蒙上了脸。"当然行了，不信咱们试试。"说完我把手背在后面，搭在他的肩上，他把头埋得深深的，腰弯得低低的，我们就像一列小火车"开进"了教室，"趁人不注意"，他赶紧溜回座位，好像什么也没发生一样，跟同学们一起上课了。

第二天，他手里握着一块糖，悄悄地走到我的身边，趴在我的肩头，说："老师，我可喜欢你了。"我马上借这个机会说："要想得到别人的表扬，自己首先要做得好才行。如果有错就要敢于面对，要做一个真正的男子汉"。

此后，他又因为把别人的手抓坏了，一节课不进教室。我找到他，望着他怯生生地看着我的眼睛，我并没批评他，只是又一次告诉他："逃避不是办法，无论做了什么错事，都要有勇气面对、去解决。"我又在外面陪了他一节课。给他讲怎样与小朋友相处，怎样做男子汉……

还有一次他因为偷拿了别人的东西，被小朋友指责，又一次不进教室上课。听说此事，我来到操场上。看到我，他马上哭了，并承认是自己的不对，还愿意让我带他去跟那个小朋友道歉，我清楚地感觉到他的变化。

【案例分析】

孩子由于年龄小，没有是非观念，会不断地犯错，但犯错多数是因为忘记或疏忽，而不是有意的。，如果面对孩子的错误，我们火冒三丈，声色俱厉，反而会让孩子提高警惕，把自己封闭起来，难以接受我们的教育。久而久之，还会让他们产生厌烦的情绪或是抵触情绪。所以面对孩子的错误，我们更应该避其锋芒，采用冷处理的办法。

【解决策略】

1. 冷处理的过程实际上也是学生自我教育的过程。孩子犯下了错误，正在"气头上"或"忐忑不安"时，应给学生一点时间和空间，让他们独立思考，理清事情的来龙去脉，弄清是非对错，平复自己的情绪。这样对待老师的疏导、帮助和教育，他们才会平心接纳，幡然醒悟。

2. 冷处理也是一种宽容态度的体现。宽容是金，是老师必备的师德。有一首诗说得好，"宽容之际看芳草，天涯何处不春风？"学生的心灵和人格尊严需要老师细心地去呵护。而单纯的批评，可能会刺伤学生的自尊心，让他们觉得没面子，抬不起头，甚至会让他们"破罐子破摔"。这种宽容，会让老师走进学生的心田，理解他们，爱护他们，也能让孩子们走近老师，听之信之。

3. 冷处理也是一种教育的艺术。

"忍一时风平浪静，退一步海阔天空。"既使有问题，教育学生时火冒三丈，也是于事无补，反而增加了对学生的刺激，班主任应用有一种平和的心态，学会换位思考。对于学生非原则性的错误，适当地采用"冷处理"是一种教育艺术。冷处理会让班主任从琐碎的班级事务中解脱出来。

【解决效果】

从那以后，他虽然也不断的犯错，但不再逃避，有人欺侮他，他会主动告诉我，请求我帮助解决。他无心犯下错误时，就会主动找我聊天，孩子自觉地把我奖励给他的积分拿回来给我，作为补偿。他在一天天变化，不再逃避，敢于承担。

【总结与反思】

孩子们正处于成长时期，容易出现这样或那样的错误。对待学生的错误，要敢于批评，善于批评，但有些时候"冷处理"也不失为教育的一剂良药，也会收到意想不到的效果。

第六辑

班级"名人"的转变

程 岩

【导语】

蓄蓄小朋友是班上的"名人",家长几乎没有不认识他的。我还没见过他的时候,就已经听说过关于他的种种"事迹"。他聪明、活泼、好动,但在班上的负提名率几乎为百分之百。很多家长也都找到我们,不愿让自己的孩子与蓄蓄做朋友,有的家长甚至提出不愿让自己的孩子和蓄蓄坐在一起。因此蓄蓄成了我们每天关注的焦点。通过日常的观察我了解到:蓄蓄是一个性格较为特殊的孩子,平日里经常以自我为中心,不太会交往,更不懂得怎么去玩,而且控制能力很差。请看以下场景:

【案例现场】

场景一:午睡的时间到了,小朋友陆续拿着自己的被子准备上床,有一位孩子不小心滑倒了,蓄蓄看见了,马上兴致勃勃地走过去,他不是去帮忙,而是趁势也滑了下去,压在那位小朋友的身上。其他孩子也学他的样子,一起跟着压下去,使得最下面的一位小朋友哇哇大叫……

场景二:小朋友们正在安静地听故事,忽然听到持续的怪叫声,是谁呢?孩子们告诉我:"是蓄蓄。"又是他,这孩子常这样,在大家安静的时候发出些声音引起大家对他的注意,当听到小朋友嬉嬉笑时就很得意。我问:"是你发出的声音吗?"他点点头。"你为什么要发出这种怪声呢?"他故意做着鬼脸不看我,我很严肃地告诉他这样会影响别的小朋友听故事的,他才意识到自己的错误。

场景三:户外活动时老师带小朋友从走廊到操场里去玩,在不到十米的距离内,蓄蓄跳起来把睿睿压在地上两次。在小朋友排队去卫生间的路上,蓄蓄故意停了一会儿,待别的孩子走远一些再突然小跑几步,从后面猛推洋洋一下。洋洋一个趔趄,差点摔倒在地上。洋洋眼里含着泪躲到一边,不理睬蓄蓄了,而蓄蓄却开心地笑着。

场景四:益智区的活动时间,大家都很专注地在做自己选择的活动内容,霖霖小朋友正在做"搭高楼"的工作,很小心地在搭积木塔,蓄蓄过来了,看见霖霖没有理他,一把推掉积木塔,"轰"的一声发出巨响,霖霖哭哭啼啼来找我,蓄蓄飞快地"逃"了,"躲"了起来……

【案例分析】

针对该幼儿情况,我通过细心的观察和多次的电话家访,我了解到了孩子的成长环境和诱发的原因:蓄蓄从一岁开始爸爸妈妈就外出经商,由爷爷奶奶带着。爷爷奶奶非常宠爱他,对孩子的管束太少,爷爷奶奶的教育观点是:孩子小,要让他自由、快乐地成长。因此,没有给孩子定规矩,没有及时告诉孩子什么行为是对的,什么行为是不对的。

爸爸妈妈每个月回家看他一次,看到孩子亲还亲不过来呢,就更谈不到教育了。蓄蓄就是这样在全家人的呵护下像皇帝般长大的,他是全家的中心。蓄蓄平日里没有玩伴,整天以看武打动画片为主,家里的玩具也都是动画片里的人物。孩子两岁半时，开始了幼儿园的生活，幼儿园的老师向家长反映蓄蓄有攻击性行为，不会和小朋友合作。可是蓄蓄回到家里以后，由于没有什么玩伴，家长就发现不了孩子的不良行为，没有意识到孩子身上的问题。蓄蓄还是很喜欢和小朋友们一起玩的，可是，在玩的过程中经常模仿动画片里的人物与小朋友打打闹闹，再加上从未有人很好地引导蓄蓄该怎样与小朋友相处，因此蓄蓄在玩的时候经常因"出手过重"一次次失去朋友，自己却不知道为什么。

【解决策略】

一、捉住"闪光点"，给予赏识激励。

每个孩子都有他的闪光点，蓄蓄也不例外。在平日里蓄蓄最喜欢帮助老师给小朋友分餐具，帮助老师做事情。我就以此为切入点，在小朋友面前将他表扬了一番，希望小朋友记住蓄蓄的好，而后又用赏识他的语气对他说："蓄蓄，你真能干，真是个勤劳的好孩子，老师喜欢你。如果以后你能和小朋友友好相处，无论什么事都能按要求去做，那样老师和小朋友就会更喜欢你的。"他使劲地点了点头，不好意思地笑了。

二、重视随机教育，引导自我反思。

一次晨间活动中，欣欣带了一大叠照片说是在江南公园的动物巡回展中爸爸拍的，这引起了小朋友们极大的兴趣，争着要看照片，蓄蓄更是挤在最前面。只听"嗤"的一声，照片撕坏了，大家都惊呆了，欣欣哇地一声哭了起来。见此情景，我马上指示小朋友坐好，又轻轻安慰欣欣。突然我发现照片上都是一些不常见的动物，于是灵机一动，顺势给小朋友们讲解照片上的内容，"这是金丝猴，是世界上比较珍贵物种。""大家看一看，它与其他的猴子有什么不同？""你知道它为什么叫金丝猴吗？""这张照片上的动物又是谁呢？"……我讲一种动物，给小朋友们看一张照片，并且让欣欣讲一讲当时拍的情况，欣欣也不哭了，高兴地给大家讲当时有趣的事情。还剩下这张撕破的照片了，我特意只拿出一半，让小朋友看，问他们有没有看清楚照片上是那只动物，并发出疑问"咦，这是什么啊，为什么只有半张脸呢？""还有半个身体。""还有个断了的尾巴。""半张照片怎么看得清楚？"小朋友们你一句，我一句地说着，他们摇了摇头，我赶忙拿出另外一半照片将照片拼接好后说："对了，只有整张照片我们才能看清上面的内容，所以刚才有个小朋友做错了一件事。"没等我说完，蓄蓄便抢着说："对不起，欣欣！我不是故意的。"欣欣脸上露出了微笑，原谅了他。

三、借鉴榜样示范，规范自己言行。

蓄蓄走路时经常会撞到其他小朋友，惹得小朋友看到他就急忙躲开。一次去做操的路上，蓄蓄又故意撞小朋友，我走到他身边对他说："蓄蓄你看，含含小朋友走路慢慢的，眼睛一直向前看，他就不会撞到别人了。睿睿小朋友小心地走，看到小朋友多就绕开了，她也不会撞到别人。你知道吗，被别人撞到会很痛的，如果你也像含含他们一样，走路时慢慢地走，不去撞人家，别人就会愿意和你玩了，对吗？"他使劲地点了点头，嘴里小声嘀咕着："我要像×××一样，我要好朋友。"从那以后，蓄蓄能学着努力地克制自己的行为了。

上课注意力不集中，还影响其他小朋友的正常活动，也是蓄蓄的一个坏毛病。因此我把他安排在我容易顾及的地方，并把班级较为懂事、乖巧的女孩放在他的身边和他做"邻居"，通过每天对周围孩子的模仿，蓄蓄被同化了。

四、加强家园的配合，教育同步一致。

就蓄蓄的问题我与他的爷爷奶奶进行了3次沟通交流，通过我教学中的实际例子,让两位老人深知,孩子的行为习惯会影响孩子的一生的道理,并与家长统一了教育观点,使家校和家庭教育一致,这也是蓄蓄进步的很主要的原因。我向蓄蓄家长介绍了一些有关合作、团结的故事书,对蓄蓄进行适当的挫折教育,指导家长与我们同步,保证孩子在家里不看无意义的武打动画片,每天和孩子玩一种合作的游戏(游戏内容我给制定),指导家长在家鼓励孩子自己的事情自己做,培养自立能力。并且做到持之以恒,对孩子的点滴进步注意巩固,不断强化。

【解决效果】

通过一个学期有目的、有计划地引导和教育,蓄蓄有了明显进步。现在他与小朋友之间的矛盾越来越少,不再用武力解决问题,控制能力明显增强,参与活动时也能与人协商。在幼儿园的毕业汇报演出中,蓄蓄通过自身的努力,出色地完成了武术操的表演,在看到蓄蓄在台上的精彩表演,想到开学时那个"淘气包",我激动得流下了眼泪。

【总结与反思】

事实上,越是反抗心强、顽皮的孩子,越有发挥创造力。调皮是幼儿的天性,是任何一个孩子生理、心理发展到一定程度出现的必然现象,从幼儿的成长过程来看,调皮行为是天生的,它是孩子不断走向成熟的必要"演出"。

每个孩子都是一块玉,一块未经雕琢、没有成型的玉。在他幼小的时候,如果我们能正确地引导,有效地教育,那么他就会闪闪发光。我们老师更要以爱心、以耐心来关注幼儿,了解他的内心,尊重他的个性,同时又要以一颗宽容的心来对待孩子。相信只要我们努力,只要我们坚持,只要我们家园共同配合,每个孩子都是一个好孩子。

有种教育叫欣赏

公维忠

【导语】

现代的学生缺的是情商而不是智商，作为一名优秀的班主任，工作中重教学更要重教育；教育学生不仅要听话，更重要的是要让他们学会自律；培养的班级干部不应只是坚决地执行老师的命令，而更应是能够自主独立的创造性开展工作。

就像世界上没有完全相同的两片树叶一样，世界上也没有完全相同的两个人，不同的成长经历和生长环境使得每个人都形成了自己独有的个性。那么如能针对学生的个性开展有效的教育，促进其自主健康的发展，同样是需要老师的智慧的。

【案例现场】

我班有个孩子叫杨旭，以前是个典型的顽劣学生，经常打架骂别人，甚至敢跟老师叫板。在老师和同学们的心目中，他已是个无可救药的学生。那是新学期开学的第二天，在早自习期间，就在大家专心读书时，杨旭突然大喝一声，并做出了几个古怪的动作，班级立刻被搅成了一锅粥。面对我这个新班主任，他一脸的不屑，眼神里充满了挑衅。

班上另一个男孩，资质聪明，但是过于好动，课堂纪律不好。而且倚仗自己个子高大经常欺负班上的两个"死对头"。每次少不了批评教育，最后他都能下决心"今后一定不会再犯同样的错误！"但是不到两天绝对恢复原样。

【案例分析】

这两个学生是比较典型的后进生，他们身上的问题也比较具有代表性。这样的学生因为长期被看作差生，所以自信心已被严重的摧残，甚至心灵都已发生了一定的扭曲。极度的自卑已经使他们放弃了努力的勇气，用怪异的举动引起老师和同学们的注意，用"死猪不怕开水烫"的态度应对老师的批评是这类学生的典型心理。所以对他们的教育必须也要出奇招，努力发掘他们身上的闪光点并加以放大，让他们找到自信并渐渐恢复自信，才能真正促其转变，实现理想的教育效果。

【解决策略】

看到杨旭的表情，我立刻意识到这事必须要先冷处理。直到下了早自习后，我才把杨旭叫到办公室，在心平气和地指出了杨旭的错误并得到其承认后，我并没有去继续批评杨旭，因为我知道像杨旭这样的惯犯，犯了错误之后最希望的就是老师赶快批评。因为批评可以让他在心里与自己犯错后的愧疚心理相抵消，如果你不批评，他反而会一直觉得有所亏欠。所以我话锋一转，和蔼地说道："虽然在自习课上你大声说话不对，但你也让我意外地发现了你的一个优点，你知道是什么吗？"这句话完全出乎了杨旭的意料，一直歪着脖子，一心等着批评的他一愣后不自觉地站直了身子并低下了头。我又认真地说道："优点就是你的嗓门特别亮。下节是军训课，你嗓门那么亮，就做个代理体委负责喊口令吧。"完全不合常规的处理方式让这个淘气的孩子彻底懵了，直到我领着他回班当众宣布了这个决定时，他还是一脸的木然，但我坚信一定会有教育效果的。

在我的全力支持和鼓励下，原先还犹豫不决的杨旭很快找到了感觉，并全身心投入到了代理体委的角色中，不但带领大家在最后的军训汇演中获得了标兵奖，而且之后打架骂人的毛病也明显改多了。

而对于另一个学生，我想：批评教育也许对他没有效果，于是就试着换了一种方式！通过和他谈话，我了解到他的电脑水平很高，还在外面报了兴趣班，学习Flash制作。为什么不发挥他的特长呢？于是在本学期班干部竞选之前，我和他进行了一次长谈，把我的想法告诉了他：希望他能竞选微机课代表，这个职务对于他来说太意外了，他告诉我自己没有信心，同学们那儿也不会通过的。我就耐心地教给他怎样陈述自己竞选的理由，最后他也只是告诉我："公老师，让我试试吧！"

竞选那天他很紧张，我几次向他投去鼓励的眼神才使他慢慢地站到讲台上。有的同学小声议论，觉得不可思议：他也能竞选班干部？"大家好，你们可能觉得我不合格，但是我想给自己一次机会，我也想帮助大家，我也想为班里出一份力。我的电脑水平很高，我想竞选微机课代表，在微机课上大家可以咨询我问题，我一定耐心解答……"还没等他说完，有同学已经起立反驳："你的课堂纪律不能起到模范带头作用，电脑水平高又有什么用？我不同意！"又有同学起立大声地说："我同意，他是有一些不好的习惯，比方说爱欺负人，课堂纪律也不好，但是公老师经常教导我们，人无完人，谁都有犯错误的时候，我想大家应该给他这次机会！"这个孩子太聪明了，太懂我的心了，我看时机一到（我也要发表意见）："我同意这位同学的说法，给他个机会试试怎么样？"孩子们报以热烈的掌声表示赞同，这时我发现他的眼里满是泪花。从那天起，每周一次的微机课之前他都会提醒大家：一定带好鞋套（他以前从不带鞋套），课间提醒大家提前站队，微机课上的纪律不用说他改善了很多，真地做到了主动帮助别人解决问题。同学们越来越佩服他，微机老师也反映近来他的变化让人惊讶！一周一次的班干部汇报让他更加自信，而且小组活动也能积极参与了，其他课上的纪律也明显好转。我想一定抓住这个教育契机,于是提笔写了一封表扬信,请他转交给家长。后来听家长说,这封表扬信一直贴在他家最显眼的地方,所有的客人一进屋便能看得到。一学期下来孩子变化越来越大,自律性提高了,也不欺负同学了,每天都能够按时完成作业……

【总结与反思】

对待学生不能鸡蛋里挑骨头,而是在骨头里挑肉,只要有肉就要看成是一块好的排骨。我们必须戴着放大镜去寻找学生身上可供赏识之处,对学生的缺点、失误尽可能地给予宽容、谅解。"春风化雨,润物无声",对学生自尊的呵护,给学生以尊重,让学生真正地从心灵深处感化和触动,这才是教育对爱的诠释。设想如果只是一味地斥责和批评,又怎么能换来"浪子回头"的觉醒呢?只有火才能点燃火,只有心才能塑造心。把批评转化为亲和的魅力之帆,才能使学生在人生的航程里不断地调整自己的方向。

对症下药，放低要求

邢 玉

【导语】

乖巧、漂亮的女孩是巧的，聪明、豁达的男孩是好的，这些可爱的孩子人人都喜欢。可是在我们的班级里，往往还有些性格孤僻、调皮顽劣、学习困难的孩子，这些特殊孩子的教育问题是我们现在班主任工作的新课题，因为这样的孩子教育不好，就会影响班级的风气，也会影响孩子的一生。

【案例现场】

二年级下学期，班里新转来一个男孩，叫小A。第一天报到时，孩子没什么异常表现，能听课、写字，一切正常。于是我像平常接待新同学一样，先表扬了他，并号召全班同学和他交朋友。可就在刚来还不到一周的时间里他竟给了我三次震惊。

第一次震惊：第二天收作业，他说没带。起初我没有在意，只是说明天带来吧。这时他的同桌说："老师他带了，在这儿。"我一看，已经做过的40多页练习题，要么几乎每页都有错题，要么就是空着没写。还没等我问他为什么没写作业的原因，他便气冲冲地对他同桌大喊："关你屁事。"并随手推了同桌一下。见他这样嚣张，我十分生气地对他说："你没写就没写呗，怎么能说谎，还推同学呢？赶快向人家道歉。"他就是闭口不言，并用仇视的目光看着他的同桌，为了不耽误上课，我进行了冷处理。但这一次我已经意识到，他的成绩肯定不好，而且是相当不好。

第二次震惊：后一天，我和他交谈，想了解一下他转学的原因。他告诉我："老师，在原来的学校我转了两次班，第一个班是因为总打小朋友，家长们联名让我转班，最后的那个班主任，走到哪里把我带到哪里，我不学习，就帮老师干活。后来那位老师实在受不了了，跟校长说，要是我不转学，她就不上班，到现在我特别恨我班同学的那些家长，有机会我回去揍死他们。"听了他的话，我心头一震，多么学习差的孩子我都见过，调皮的学生也见过不少，可是这孩子心中却有这么大的仇恨，真是惊人。因为一个学生，老师宁可不上班，可见这学生有多么讨厌。虽然我并不知道发生过什么，但我知道，这孩子一定不好教育。

第三次震惊：两天后的中午，我在办公室批作业，一个同学急匆匆地来叫我，说："老师，不好了，小A疯了。"我怕出大事，就急忙回班级。一进教室，我惊呆了，他桌子附近的五六张桌椅都被推倒在地上，还有他同桌的书、本子都撒落到地上。同桌站在那哭，教室里的同学都吓得躲在了后门那里，只有他站在讲台前，双手握着拳头，眼里还有泪水。我问明原因，是因为生字听写20个，他就写上了一个，中午吃过饭后我让他同桌给他听写，他不愿意，就把同桌的东西全扔了，还拿椅子把自己座位周围的桌椅都砸倒了。我一听气坏了，大声训斥道："有这么好的同桌帮你，你不珍惜，让你写几个字，不是为你好吗？回家不写作业，在学校老师同学帮你，还不写，你想怎么样呀？"我的声音是大了点，只见他虎视眈眈地瞅着我，像一头发疯的小狮子，脸上流着泪水，嘴角还不时地流出白色唾液。我想，这孩子是不是有什么病呀，还没等我再开口，他便放声大哭起来，并拿起拳头使劲往自己的鼻子上打，两下鼻子就血流不止。我一看这孩子还有这样的行为，下手这样狠，太吓人了。随后我稳定了自己的情绪，上前去阻拦，用餐巾纸给他擦干净了，并让同学们帮他整理了桌椅。我把他带到办公室，让他坐下来，问他为什么会这样？他告诉我，他想出去玩，就是不想学习。

【案例分析】

这个孩子任性，散漫，感情易冲动，有攻击性行为。不遵守纪律，自理能力较差，逆反心理很重。学生出现这样的行为一方面与其性格有关，另一方面一定和他成长的环境或家庭教育有直接关系。

【解决策略】

1. 了解孩子的家庭情况。孩子来时是他的姑姑送来的，而后一直都是自己回家，家长从来没有跟我交流过孩子的情况。所以，一周后我给孩子的家长打了第一个电话，我先表扬了孩子的优点，为了让家长了解孩子，我又把这几天发生的事跟家长如实交流，意在让家长了解孩子的行为，别出什么事，同时我让家长写一份孩子成长的情况说明，以便我能更快地走进孩子。从他爸爸的回信中，我找到了病根。原来在孩子5岁时，父母离异，母亲这一走，孩子再也没有见过，爸爸一气之下去了外地打工，孩子被丢给了爷爷奶奶，奶奶可怜孙子，一味地溺爱，要啥给啥，从不过问学习，从不给孩子开家长会，也不和老师沟通，孩子有问题，老人总是护着，爷爷脾气暴躁，轻辄一顿耳光，重辄一顿皮鞭！从小的感情缺失和教育方法的不当让孩子有了很严重的自闭倾向和攻击倾向。

2. 给他更多的"偏爱"。在他性格形成的关键期，正需要母亲教育、影响、熏陶的时候，他失去了，在他的视野里是年长的老人，在他的童年里，没有母亲的拥抱和爱抚，有的只是训斥、指责、耳光、皮鞭。他怎能有心思去学习？心灵的创伤要用母爱来抚平。所以平日里，我利用一切可能的机会接触他，帮助他，给他母亲般的关怀。下雨回不了家，我给他递过一把伞；每天我都要准备一元零钱，因为他经常忘带回家的车费；我在班上召开了"让爱驻身边"的主题班会，让班干部主动和他结对子。直到现在，我也忘不了他的一篇日记中的几句话：这个学校真的很好，我没有铅笔，有同学借我；下课有同学和我玩，我不是自己一个人了，就有一点不好，老师还是在我的练习册上画杠杠，画问号，我最讨厌……从他的日记中，我知道他开始喜欢上这里了，但仍然不愿学习。

3. 放低要求，对症下药。对他的教育要先放低要求，要让他先喜欢学校、老师、同学，要让他的心中也拥有爱，眼里也容得进别人，然后发动同学们向他伸出援助之手。为了让他能学点知识，我煞费苦心，中午留他肯定不行，他还没有意识要学习，仍然会激怒他，我发现他喜欢画画和玩球。可是他没有球，我决定从这里入手。我先和他约定，如果每天能坚持认真听两节课，中午绝不留他。在课上能认真发言，不准打扰别人，我就给他买大画本，坚持一周，我就兑现，买画本的目的是，实在坚持不了了，非得说话时，就转移注意——画画，以此来控制自己，并且请全班同学监督，他高兴地同意了。此外，对于他的奖励，也与别人不同，只要他有一点点进步就在全班同学面前马上给予表扬，只要有老师、同学表扬他，就给他加双倍的分，帮助他在班级里树立好形象。

4. 家校联手，共同转化。转变和教育一个孩子绝非一日之功，特别是孩子交往能力的形成更是难上加难，为此我请家长帮助，让他的爸爸用更多的爱弥补孩子的缺失，利用节假日带孩子出去玩，把小朋友请到家里做客，告诉老人不准再打孩子，要多鼓励孩子，每天必须和孩子在一起交流。孩子由于长时间不学习，知识上出现了断层，建议家长为他请一个家教，不仅帮孩子辅导学习，还能和孩子一起玩，一起交流，一起谈心，对孩子的性格形成有益处。

【解决效果】

他诚心地接受了我的建议，这次四年级开学，小A交上了所有的假期作业，而且上课不仅能听讲了，更愿意主动发言了，更让我高兴的是他能主动为班级抬饭桶，抬水，开始关心班级工作了，更学会了关爱别人，在家里他看见爷爷奶奶年纪大，身体不好，就学会了自己洗衣服，自己煮饭。性格也温和了，学会了体谅，比原来更安静了。他的爸爸又重新组建了家庭，有一天他高兴地对我说："老师，我新妈有小妹妹了，我可不能惹她生气。"看着他那天真的表情和兴奋劲儿，我由衷地笑了。

【总结与反思】

现代社会类似这样离异家庭中的儿童、留守儿童、性格孤僻的儿童越来越多，由于客观原因和家庭教育的不当，导致这些孩子在行为上出现了这样那样的偏差，这是新时期做班主任工作的新课题，也是学校德育工作中的一项重要内容。这就要求教师要做好此类学生的转化工作更加耐心和细致，用"真心感化、耐心引导、诚心帮助"是转变这些学生的有效做法。

善于发现他们身上的"闪光点"。为他们的发展提供展示自我和获得成功喜悦的机会。让他们感受到老师、同学、家长及周围人的爱，感受到集体的温暖。放低要求，制订合适的目标。

最成功的教育不一定要最富技巧性，但一定要涌动着教师的真情，体现出教师的真心。我想只要能让他们看到老师的坚韧和真诚，他们就会回报你坚强、认真和努力。即使心力交瘁，即使身心疲惫，可只要想起我们光荣的事业，想起我们神圣的使命，想到学生无比灿烂的明天，我们就能感到我们不离不弃的坚守就是一种美丽！

孩子，把你颤抖的手给我

王玉霞

【导语】

"一把钥匙开一把锁"，每个孩子的身上都有着来自不同家庭的不同特点，我们在教育过程中，及时地捕捉到教育契机，对不同类型的孩子施以最合适的教育方法，往往教育才有成效。

【案例现场】

这是一个星期四的下午，按照惯例，积累抽测又要开始了，当教导主任徐步走入班级时，一双紧张得上下颤抖不停的手臂引起了我们的注意，他就是我们班患有轻度自闭症和中度抑郁症的学生B。

【案例分析】

学生B可以说是一个十分可爱的小男孩，外表看与其他孩子无所差异，然而开学近两个月，却从未听到他主动说过一句话，看到的只是他时时处处逃避的眼神，后来得知他患有轻度自闭症，同时患有中度抑郁症。幼小的他从走入班级那天起，就从不与任何人交流，偶尔能与人对话，眼神也从不敢与人对视。所以孩子过度紧张的精神状态导致了他对外界一切事物的恐惧，哪怕有人走近他，哪怕有人和他说一句话，哪怕有人摸摸他的头，他都会惊恐万分。所以今天的这种场合，他更是紧张到了几近崩溃的程度，两手带动全身瑟瑟发抖，就像寒风中的一枚落叶，孤零无助。

【解决策略】

看到孩子紧张到这个程度，教导主任先是走到他近前，轻轻地握住他的手，孩子吓得直往后缩，甚至头都不知道往哪里放才好。教导主任摸摸他的头，告诉他：你表现很好，不用紧张，这次不会抽测到你。然而这却不能缓解他过度的焦虑。

抽测结束后，为了缓解B刚才的过度紧张，我悄悄走到他面前，拉起他的手，用微笑代替了更多想说的语言，轻轻地把一面红旗贴在了他的语文书上，他第一次不解地向我投来询问的目光，我点点头回答了他，握着他的手稍稍地用了一下力，他感受到了，以同样的方式回答了我，我从他那过分用力的一握中，知道了他内心的放松。

此后，我经常用这种这样的方式，以一种特殊的无声的语言和他进行沟通，慢慢地，他敢于用眼光面对我了，有时他会主动把手搭在我的手背上，用颤动告诉我，他很害怕，用有力的一握告诉我，他很高兴。

课堂上每当遇到他能回答的问题时，我就先拉起他的手，给他一握，他便心领神会地回答出的我提的问题。

下课时我帮他找好朋友，做一些动作不剧烈的小游戏。

【解决效果】

经过一个学期的努力，虽然B在与人交际上还不如其他同学那样自信，但最起码他能和谐地在这个群体中生活，在他不太善于变化的小脸上，也能经常让人发现他那不易被察觉的喜悦。在今后的日子里再没看到过他异常紧张的神态，我想一种平和的教育方式对他来说是最适用的，现在他已经在手感上的沟通之后能够主动用一些语言向我表达了，这怎能不说是一个飞跃呢？

【总结与反思】

每个人的心灵都有自己独特的一角，哪怕是一个特殊儿童，也有他的最灵动的瞬间。在对这样的孩子进行教育的时候，心急是不行的，不见得在班级大张旗鼓地表扬或奖励对他就是最好的方法。他最能接受的还是润物无声的心灵的沟通，相信他和让他相信都是对他最好的接近方式，接近心灵的距离是产生好的教育效果的唯一途径。

孩子，把你颤抖的手给我，我们心灵的沟通就从这里开始。

闪烁的智慧

赵　娜

【导语】

在看到身边的两件小事以后，我对什么是一名幼儿教师有了新的定义，即要有"闪烁"着的"智慧"。这种"闪烁的智慧"多来自于经验、观察、细心和一颗童心。一节没有"闪烁智慧"的课是乏味的，反之，抓住了"闪烁智慧"的精髓和灵魂必定能让你的幼教生活更加生动、快乐。

【案例现场】

一、2008年3月　星期一　学前一班活动室（家长开放日）

为了准备今天的家长开放日，全园所有的老师都准备了很久。从一日三餐到课程安排都经过精心的设计，可以说其中的每一个环节，甚至每一句话都经过深思熟虑。因此，我们有信心让每一位家长都能了解孩子的在园表现和生活状态。

从清晨就餐到上午的第一节活动，所有的事情都一如预想般的顺利。第二节是我园的特色活动，也是孩子们最喜欢的活动之一——奥尔夫音乐。这节活动学习的是一首英文歌曲《little tea pot》，就是小茶壶。无论是音乐的节奏还是配合的动作，孩子们都很喜欢，下课后许多孩子仍在快乐地哼唱。

紧接着是吃点心时间,家长们早早地守候在教室的后面,保育老师也早就准备好了新鲜的牛奶放在孩子们的座位上,等待着宝宝们进屋品尝。也许是看到父母在场,过于兴奋;也许是刚刚的音乐活动太有趣了,一进屋,所有的孩子都跑向了父母,诉说着刚才活动中的快乐。有些孩子虽然回到了座位,但仍在与家长交谈。时间一点点地过去了,尽管我已经多次要求孩子们回到座位上喝奶,但效果并不显著。

二、2008年11月　星期三　蒙氏活动室(一)

本学期学校组织了教研课活动,今天上午第四节是我的主题活动课《我的小手真可爱》。为了本节活动的成功,课前我进行了充分的准备,一切都很顺利,终于到了最后一个环节,幼儿可以根据问题进行发散式的思维,这是一个新尝试,同时对我来说也是一个挑战。

我问道:"请小朋友们想一想,你们的小手都可以做哪些事情呢?爸爸妈妈的手又可以做哪些事情呢?"

孩子们踊跃地回答道:"我的手可以穿鞋","我的手可以叠被","我妈妈的手能洗衣服"……"小朋友们知道的可真多!真了不起!"对孩子们的回答给予肯定和鼓励是课上必需的,而我也这样做了。

当我问到宋韩锦小朋友时,她说:"我爸爸的手可以抽烟。"

【案例分析】

幼儿的年龄特点决定了她们的不可预测性,同时也为教师的教育教学加大了难度。尤其是在公开场合,这种矛盾更加难以解决。一味地让孩子遵循老师的要求显然不是一个优秀幼儿教师的做法。如何通过了解孩子们的心理环境,并加以利用和顺势引导才是我们更高的追求。

【解决策略】

一、陈老师扬起了嘴角,用温柔的声音问道:"孩子们,刚才上课我们学了一首什么歌曲啊?"

正在跟父母聊天的孩子一听到老师问起，都将目光集中在了陈老师身上，手舞足蹈，极其投入地回答道"小茶壶"。

"那你们喜欢那个可爱的小茶壶吗？"

"喜欢！"

"告诉你们一个秘密好了，今天你们杯子里面的奶就是从那个可爱的小茶壶里面倒出来的哦！要不要尝一尝啊？"

话音刚落，所有的孩子都迅速地，小心地回到了座位上，并很认真地品尝着牛奶。也许是心情好的关系，所有的孩子都连声赞道："真好喝"！

陈老师的一句话解决了一场危机。这是一种太阳所不能理解的"闪烁的智慧"，它需要大量的经验积累，需要一颗理解幼儿心理的心，需要长时间对幼儿耐心细致的观察，更需要的是观察者机智灵活的头脑。一名优秀的幼儿教师与大学教师不同，不需要有多么高深的理论，需要的更多的是一种灵活机动的"闪烁的智慧"，用于回答和解决孩子们无穷尽的"问题"。

二、孩子的答案让我的心一紧，但我很快便镇静下来，评价道："你说得对，爸爸的手确实可以抽烟，但是吸烟对爸爸的身体不好，对所有的小朋友也会产生不好的影响，请你回家告诉爸爸让他少抽一点烟，多锻炼身体好吗？"当然，我得到了一个肯定的回答。

活动过后想起这件事，我仍然感到很开心。虽然这个小插曲让我有了一丝的慌乱，但我为自己能做出正确的评价而不是草草略过感到十分欣慰，并且我决定活动后要进行一次有关"烟"的课程，让孩子们进一步的了解吸烟的危害。

【解决效果】

两个教育教学中的危机都是通过老师的一句话完美地解决了。一句看似简单的话,不仅让孩子完成了学习目的,理解了老师的要求,更重要的是抓住了幼儿的心理,让她们开心地、顺其自然地接受了老师的建议,没有一点不和谐的感觉,这是难能可贵的。

【总结与反思】

熟练驾驭课堂的能力固然能够体现出一名优秀幼儿教师的"成熟",但我认为面对课上突发事件而表现出的"闪烁的智慧"更能折射出一名教师的能力。在幼儿园的课堂上,更多的是孩子们的突发奇想和一些不着边际的回答,要想成为一名优秀的幼儿教师,"闪烁"着的"智慧"必不可少。而这种"闪烁的智慧"多来自于经验、观察、细心和一颗童心。一节没有"闪烁智慧"的课是乏味的。反之,抓住了"闪烁智慧"的精髓和灵魂必定能让你的幼教生活更加生动、快乐。

管,是为了不管

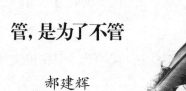

郝建辉

【导语】

叶圣陶老先生就语文教学说过一句话——"教"是为了"不教",在这里套用一下,对班级管理而言——"管"是为了"不管"。关键是要教育和指导学生学会自主管理班集体,使每个小学生做到既是管理的对象,又是管理的主体,达到"管,是为了不管"的目的。实际上,一个人不管做什么事情,要想成功,必须能够自我管理。只有具备了自我管理的意识、习惯和能力的人,才能取得好的成绩,才能事业有成。早在十九世纪,英国哲学家斯宾塞就说过:"记住,你管教的目的应该是培养一个会自我管理的人，而不是一个靠别人来管理的人"。

【案例现场】

记得刚当班主任时，工作虽然没什么经验，但积极性特别高，班级的所有事都要亲历亲为，打水、扫地、摆桌椅、擦窗台，甚至班级的玻璃脏了都要自己动手去擦。当每周听到大队部宣布我班是卫生金星班时，我都无比开心，总有一种成功感，认为自己每天的努力和辛苦没有白费，这样就是一个合格的班主任了。可是有一天，我突然病了，只好请了一天的病假。第二天当我满怀欣喜地来到班级打开门的一刹那，我被眼前的情景惊呆了，桌椅东倒西歪，地面白花花的纸片，班级的物品凌乱地撒了一地。一个井然有序的班级就这样消失得无影无踪，我简直不敢相信自己的眼睛。我呆呆地看着眼前的一切，不停地问自己怎么会这样？

我不禁陷入深深地思考与反思中。一个偶然的机会在教育周刊上发现这样一句话："班主任在，学生能做好，是一个基本合格的班主任；班主任不在，学生能做好，是一个优秀的班主任；班主任在，学生仍不能做好，则是一个失败的班主任。"这句话给了我很大的启发。

【案例分析】

在管理班级工作中，我虽然每天早来晚走可谓兢兢业业、不辞劳苦，起早贪黑，事必躬亲，结果却不尽如人意。就因为我每天都像一个保姆似的寸步不离地跟着学生，生怕出现问题，对他们总是舍不得放手，甚至有时怀疑学生的能力，认为他们肯定做不好，有时甚至嫌他们碍手碍脚的，做事慢，没有给他们创造机会。所以我虽然付出很多，耗费了时间和精力，自己也身心疲惫，到头来学生却没有形成自我管理的能力，不能参与到班级管理之中，每天还是依然过着依赖的生活。这不正是老师管得太细了，做得太多了，没有充分的给他们锻炼的机会吗？这种局面，既忽视了学生的主体性,压抑了学生自主、自理、自治能力的发挥,也不利于班主任自身素质的提高。

【解决策略】

我们经常教低年段,每天等待我们的不仅仅是那些琐碎的事,班级的卫生劳动,更是占我们工作的一大部分,而且我们总是这样循环,如果不在班级的自主管理方面下功夫,那么每天迎接我们的将是什么样的日子,大家可想而知。所以我们教育的关键是要教育和指导学生学会自主管理班集体,使每个小学生做到既是管理的对象,又是管理的主体,达到"管,是为了不管"的目的。于是这些年来,我一直在学生自主管理方面进行摸索和实践。具体方法如下:

一、扬长避短,细化责任。

一年级刚来时我就在细心观察每一位学生,根据学生不同的特点,把责任细化,刚开始不能急于求成,只给他们一个小小的任务,让他们在劳动中体会到快乐。循序渐进地给他们加一些重要的任务,除面对面把任务交代清楚,还要在班级中列出大表,让孩子们能清晰地知道自己的分工。如:几个长得高大的男孩子分别负责抬饭桶,抬菜桶,再另选几个孩子负责送饭桶、送倒剩菜的桶、送盘子,分工非常明确,偶尔谁忘记了,班级干部马上找到他。我们班长得最胖的女孩很有力气,她主动要求负责班级的饮水;做事一丝不苟的王寒旭等四名同学,我让他们负责本组的桌椅摆放;物品摆放突出的孩子管理本组桌堂;擦黑板我分出从周一到周五,每天上午谁擦下午谁擦,这样一周只擦一个半天。这不但不影响孩子们下课的活动,而且保持了他们劳动的积极性。负责卫生角的摆放,我会选离卫生角最近的孩子;淘气好动的郎文硕我安排他注意每天关好门窗;工作细心认真的几名同学负责本组卫生保洁;电脑饮水机的清洁选择干活仔细的小女孩；其他的还有如擦黑板、抹布的清洗和摆放、书柜的保洁、拖布桶和垃圾桶的清洗、班级饭勺的刷洗等都安排同学去做。这样把大大小小的工作全部划分出来，我不仅考虑到孩子自身的特点，还把能力不同的学生安排完成同一个任务，让每个孩子都真正参与到自主管理中。

二、分工明确后少不了的，也是最重要的就是耐心细致地指导。

现在的孩子在家里娇生惯养，什么事都没做过。我们经常看到一些孩子，虽然在干活，但弄得满身都是水，甚至累得够呛，可该打扫的地方一点也没见干净，所以我们给孩子分工后要经常细心观察，并及时进行指导。比如：班级擦黑板的抹布放在一个固定的白色小盘里，擦完后我会指导他们怎样把抹布叠整齐；当我发现孩子擦黑板擦完不干净时，引导孩子找出原因，并告诉孩子擦黑板时应顺着一个方向去擦。看到孩子擦完饮水机还是有小黑印儿时，我会告诉孩子不能用班级擦黑板和擦窗台的抹布，于是我和孩子共同想出好办法，用湿巾。还有班级的电脑台、书柜、门，甚至是我班的花盆和花盆接水的小盘都用湿巾去擦。当发现地面偶尔洒上水，负责地面保洁的孩子翻来覆去地擦可还是不见干时，我及时准备了两把干拖布，放在固定位置，并告诉孩子什么时候才可以用。擦电脑台的两个孩子特别负责，每天早晨来到学校放下书包就拿出湿巾细心地擦起来，几个来上课的老师经常说你们班的电脑台不但上面干净而且打开柜子，里面也一点灰尘都没有。可是有一天我发现孩子用湿巾擦电脑屏幕时，我又及时帮他们想出不伤害屏幕的清洁方法。班级负责午餐地面保洁的孩子，每天开饭时负责把报纸铺在地面，可是刚开始时即使是铺了报纸，可还会有一些菜汤洒在地面。我发现后及时教孩子正确地铺报纸的方法，每两张报纸要重叠摆放。这样中间不会有缝隙了，即使偶尔洒了菜汤也会洒在报纸上,保持了地面的清洁。就这样,在我细心耐心地指导和帮助下,孩子们逐渐地掌握了正确有效的劳动方法,体会到劳动的乐趣,激发他们承担责任服务集体的积极性和主动性。

三、有效地鼓励和评价是自主管理的加速器。

作为教师对班级的每个学生在自主管理中都应该进行及时正确的评价,哪怕只是一点点的进步都不能忽略。除此以外,要进行多样化的评比活动。如:1. 自主管理积分制,每完成一次任务我就发给他们发一张漂亮的小卡片,集够十张换一张大卡片,集齐三张大卡片将被评为班级的自主管理小明星。2. 每个孩子都为自己精心设计一张自主管理记录卡,孩子们设计的卡片有的是小房子,有的是大蜗牛,有的是牵牛花……打开各种各样五彩的卡片,孩子们都写上一句激励自己的话,如:自主管理我最棒,争做自主管理小明星等。每天只要认真做完自己的工作,孩子们总会高高兴兴地为自己添上一笔,这样不仅调动孩子们的积极性,同时对那些有时忘记自己工作的孩子也进行了约束。3. 自主管理的活动与竞选班级干部挂钩,任务完成好的孩子可以主动申请承担另一项工作,在我们班的学生中,最少的承担班级的一项任务,最多的达到五六项。那么,班级干部自然要从自主管理最棒的孩子中选拔,这样即培养了竞争意识,又提高了竞争能力,班级很快形成了自主管理的风气。

【解决效果】

实行班级学生自主管理,使每一个学生从单一的被管理者成为管理者,从自律走向自觉,主动营造一股"为集体争荣誉光荣"的热潮,参与班级自主管理的学生都能自信地说:"我还可以做到更好!"学生乐于自主管理,孩子们人人有管理服务的岗位,在让他们知责任、明责任、负责任的过程中,逐步尝试让他们自我服务、自我监督、自我管理。这时候,被动的管理变成主动的管理。例如：班级的学生劳动热情高，除每天很好地完成自己的任务，而且善于发现问题及时去解决。班级的每次劳动不需要我去参与，他们真正成为班级的主人，做到老师在和不在一个样。因此我们班连年被评为学校的自主管理金星班，在2011年被评为吉林市优秀班集体。

【总结与反思】

许多班主任在管理班级工作中，每天早来晚走可谓兢兢业业、不辞劳苦，结果却不尽如人意。学生们是大事没有，小事不断。班主任特别是小学班主任每天像一个保姆似的寸步不离地跟着学生，生怕出现问题。学生在老师面前一个样，老师不在时又是另一个样子。老师们付出很多，耗费了时间和精力，到头来学生没管理好，自己却身心疲惫。这是不是老师管得太细了，过多地强调了班主任的主导地位，忽视了学生主体意识，淡化了学生对班集体的责任感和义务感，窒息了学生的主动性和创造性。开展班级自主管理，不仅锻炼学生的能力，还真正解放了老师，它使每个小学生既是管理的对象，又是管理的主体；既是活动的对象，又是活动的主体；既是评价的对象，又是评价的主体。这样的班级管理，能够通过师生的相互配合，进而以达到"'管'是为了不管；'教'是为了不教"的最高境界。因此，班主任在有效地进行班级管理的过程中，不能仅靠一个或几个教师严格管理，关键是要教育和指导学生学会自主管理，使每个学生做到既是管理的对象，又是管理的主体，达到"管，是为了不管"的目的。

小学班主任成功案例集萃

是谁弄脏了地面

郝建辉

【导语】

　　诚实守信是中华民族的传统美德，"人无信而不立"是中国古代伟大的教育家、思想家孔子的主张。一个人若没有诚信就不能与人正常交往，从而也失去了在社会中的立足之地。伟大的教育家陶行知也说过"千教万教教人求真，千学万学学做真人。"由此可见，诚信教育在教师工作中的地位是多么的重要。

【案例现场】

　　"喂，喂，广播通知，今日下午一点钟进行全校的卫生检查，希望各班在听到此通知后利用中午午休的时间进行大扫除。"听到通知后我班同学按照惯例，纷纷来到自己的自主管理岗位认真地清扫起来。看，擦窗台的、扫地的、擦电脑台的、擦墙围子的……大家都干得热火朝天。看到自己的劳动成果每个孩子的脸上都露出了自豪的笑容。"铃，铃，铃"上课的预备铃响了，同学们陆陆续续回到了自己的座位上。"校领导来检查了"，守在门口的劳动委员悄悄地告诉大家，同学们都不自觉地朝自己的周围又看了一眼，然后又自信地坐好等待检查。因为我们班是全校卫生管理最优秀的班级，每次都会得到领导的表扬。孩子们此刻也在等待着这一刻的到来。大队辅导员走了进来，你们班级的卫生不错，可是走廊地面为什么那么多白东西呀？听到这里我和同学们都愣住了，这时劳动委员和几名同学都迫不及待地跑出去，啊？是谁弄的？于是大家又快速拿出工具把地面清理干净。

这件事情必须要弄个明白。我问:"这是谁干的?同学们异口同声说:"不是我干的。"在我看来这件事算不了什么,我想:知道是谁干的,以后注意就可以了。又不是故意的,没必要小题大做了。但让我不能容忍的是当我说出我的想法时还是没有一个人肯承认此事。有的学生小声嘟囔:"反正不是我干的,我不承认。"有的学生说:"好像是李明干的。"李明立刻反驳:"不是我,上楼时就有了。"还有的学生说;"我不知道谁干的,跟我没关系。"……我对学生们说:"做人什么都可以缺就是不能缺了诚信,不敢承认错误的人将来还会犯同样的错误,今天这件事没有结果老师和大家都留下来。"时间过得很快,师生无语。事情这样僵持也不是办法,我灵机一动决定离开教室一会儿让学生自己消化问题,我则在教室外的楼道内静静地倾听。不出我的预料,我走之后学生们开始纷纷议论起来,有的说:"是谁干的赶紧承认吧,不然大家都走不了。"有的说:"老师不说了嘛,只要承认错误说明原因就行了,要是我干的我肯定承认!"还有人说:"李明就是你弄的,我都看见了。"李明说:"不是我干的,我凭什么替你们背黑锅?"……接着是大家的一通埋怨。到此,事情的焦点都集中在李明身上,结合学生们的话和李明的平时表现,我来到走廊又仔细地观察了地面和墙面的痕迹,心中有了答案。

【案例分析】

李明是我班一个很调皮好动的孩子,从一年级开始在他的自主管理方面就深感头痛,交给他的事他总是不能完成。可是最近我发现在班级其他同学的影响下他有了很强的上进心,特别想去为班级做一些事情。这次也许是想把脏的墙面弄干净,于是用白粉笔在墙上涂了起来,没想到墙是白了,可是粉笔灰却弄了一地。我想一定要让李明深刻认识自己的错误,让他诚心诚意接受教育,既要让他诚实地面对又不能打消他劳动的积极性。

【解决策略】

我对他说:"虽然很多同学都说是你弄脏了地面,但你也多次肯定不是自己干的。老师不能就此认定是你。这样吧,你回家想一想到底是不是你? 明天一定找老师说明情况,因为老师发现你是一个爱护集体荣誉的孩子,如果是你弄脏了地面,你肯定不是故意的,老师保证绝不批评你或者告诉你的家长。记得老师跟你们说过的一句话吗? 你们还小,犯错误很正常,重要的是能勇敢地面对它,以后才能真正改掉错误。"

【解决效果】

第二天,李明从家中带来了打磨用的细砂纸。对我承认了自己的错误后,告诉我他想出了维护墙壁的好办法。看到这一幕我感到孩子不但真正敢于面对自己的错误,而且还动脑想出解决问题的办法。后来我班又以"诚与信"为题召开了主题班会,对学生们进行了一次全面的诚信教育。

【总结与反思】

案例记载的小事就像一面平面镜清楚地映射出了当孩子面对错误时不尽相同的表现(有的是默默不语,事不关己高高挂起;有的是极力阐明自己的"清白"与错误划清界限;还有的是奋力辩解,回击他人对自己的指责……);小事更像一面放大镜将我们教育中的漏洞成倍放大(缺少对学生责任意识的培养和诚信的教育)。所以教师不能只教学生如何学习,只有教学生成为一个有责任感,诚实守信的人才能肩负起历史的重任,让我们伟大的祖国更加繁荣,让我们的民族更加富强。

第七辑

鼓励比批评好

郝建辉

【导语】

教育家夸美纽斯说："教师和善地、愉快地教育儿童。以便在没有殴打，没有哭泣，没有暴力，没有厌恶的气氛中，在和蔼可亲气氛中喝下科学的饮料。"我们应敞开心扉与学生进行平等而又真诚的对话交流。良言一句三冬暖，教师的暖语融融，情真意切确会使学生积极向上。美国著名心理学家威廉·詹姆斯研究发现："人类本性中最深刻的渴求就是受到赞美。""最真诚的慷慨就是赞美"、"授人玫瑰，手留余香"。很早就知道教师对待学生应该"多赞美少批评"，赞美学生比批评学生的效果来得好。人人都需要他人的赞美，处于成长中的学生尤其需要。所以，老师要学会赞美学生。

【案例现场】

赵亮是我们班顶顶有名的淘气包，上课时不是偷偷地玩，搞恶作剧，就是和同桌说话，或是不时地站起来，搅得课堂上不得安宁。每次写字时还总是趴桌子睡觉，好像跟他没什么关系似的。回到家里从来不写作业，期末测试两科一共打了100分。就这样他成了我们年级的"名人"。更是成了我的老大难问题，我想了很多办法，又几次找家长谈，也没有什么效果。

【案例分析】

是什么原因造成赵亮出现这种行为呢？我百思不得其解，我又照例与他的家长取得联系，我发现他的父母是开麻将馆的，每天忙着赚钱对孩子的关心极少，而且偶尔发现他有缺点就大声呵斥一顿，孩子几乎得不到关爱和鼓励，逐渐对自己失去信心。所以上课不听讲，回家不写作业，还调皮捣蛋。在他内心深处，他就是一个这样的孩子了。老师批评他，他就如耳旁风，丝毫不会改变。

【解决策略】

直到有一天我在教育周刊上发现这样一段话，赞赏和鼓励是促使孩子进步的最有效的方法之一。于是我想每个孩子都有希望受到家长和老师的重视的心理，而赞赏其优点和成绩，正是满足了孩子的这种心理，使他们的心中产生一种荣誉感和骄傲感。孩子在受到赞赏鼓励之后，会因此而更加积极地去努力，会在学习上更加努力，会把事情做得更好。赞赏和鼓励是沐浴孩子成长的雨露阳光。我想现在最适合他的方法就应该是鼓励了。于是我抓住时机，大胆地尝试起来。

【解决效果】

我每天细心地观察他，想尽快找到鼓励他的契机。直到有一天，当他又一次没有完成课堂练习的时候，我没像以前那样严厉地批评他，而是和颜悦色地跟他讲道理，轻轻地抚摸他的头，对他说："你知道吗？老师一直都很喜欢你，看到你写的字那么漂亮，老师更相信你一定会做得更好的"。这时我发现他的眼中瞬间闪现了一丝惊讶和感动。看到这一切我才知道，原来答案就在这里。赵亮出现这种情况与我经常比较严厉地批评有直接关系。以后的几天里，当他再出现类似情况的时候，我就晓之以理、动之以情地教育他，当他有了一点点进步的时候，我就不失时机地表扬他，不断地鼓励他。渐渐地，他的脸上有了笑容，他的违纪行为也少了。能主动完成作业了，而且有上进心了。期末考试两科都得了80多分。他的妈妈简直不敢相信说："这孩子好像换了个人一样，老师，太感谢你了。"

【总结与反思】

　　是啊，教师一句激励的话语，一个赞美的眼神，一个鼓励的手势……往往能给我们带来意想不到的收获。赞美学生是人文精神在教育教学过程中的渗透，要求老师看到人性的美好，看到每个学生都有聪明、好学、向善的一面，让学生在"我是好学生"的心态中成长。作为一名教师，对学生的教育方法，鼓励远比批评好，魏书生曾说过这么一句话："走入学生的心灵中去，你就会发现那是一个广阔而又迷人的新天地，许多百思不得其解的教育难题，我都会在那得到答案。"《学习的革命》一书中也有这样一句话："如果一个孩子生活在鼓励中，他就学会了自信；如果一个孩子生活在认可之中，他就学会了自爱。"我们在处理班级事务时，任何一次过火的指责、无意的歧视，都会给学生的成长带来心理阴影，因此要少一些呵斥、指责，多一些鼓励、认可，以诚相待，循循善诱，消除学生心中的隔阂，尽可能地创设条件，把爱撒到学生心灵的深处，让其勇敢地正视自己，奋发向上。作为教师的我们只要学会善于抓住契机，充分表扬和肯定学生的点滴进步，就会从中获得成功的喜悦，感到自身的价值，从心灵深处产生积极改变的动力。

发财树的"财"不翼而飞

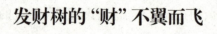

马　莉

【导语】

有人说，小学教师是半个文学家，半个音乐家，半个书法家，半个美术家，半个好妈妈……我要说，小学教师还是半个警察、半个法官。随着社会环境的日益复杂，教师所面对的教育对象、教育主体，他们的内心世界也不再那么单纯，而是错综复杂、参差不齐。面对丰富多彩、琳琅满目的物质商品、文化娱乐，有些孩子难挡各种诱惑，对钱特别敏感，把金钱看得很重，想方设法占有它，因此，难免做出各种小偷小摸的不良行为。班级里一旦发生此类事件，教师往往感到很棘手，如果不及时侦破处理，草草收场，不利于班级工作的正常开展。

【案例现场】

2011年12月26日，孩子们期盼了一个学期的冬令营到了。早上，孩子们都兴致勃勃地带着自己科技小制作的材料、中午包包子用具、"红领巾大卖场"的商品早早来到学校。当我走进教室，孩子们欢呼雀跃地拥过来，询问怎样布置教室，几点活动开始。

我领着学生简单地布置了教室后，把同学们分成了若干小组。待我讲完了今天的活动安排，孩子们的冬令营第一项活动"小制作"开始了。有的孩子用碎布块贴画，有的孩子用旧袜子做人偶，有的孩子用包装盒做校园模型摆拼。我边巡视，边拍照。咦，高韵嘉在制作"发财树"！一张褐色卡纸中央贴了一颗郁郁葱葱的大树，树上贴着许多银色一角、金色五角的硬币，树的中央还用彩色胶写了一个"财"字，设计有创意，色彩搭配漂亮。我说："嘉嘉，举起你的作品，看镜头。"一会儿，孩子们的作品陆续完成，交到讲台前的展区，这棵发财树引来了同学的啧啧赞叹。我给孩子们十五分钟课间休息，我带着几名同学打扫地面的碎料、纸屑。只听王诗棋、郭擎大喊："老师，发财树上的钱不见了。"我来不及放下手中的扫除工具，走到展台前，一看，发财树还在，上面的硬币都不见了。在屋的其他同学也围拢过来，还不时地七嘴八舌："谁干的？""就是咱班同学偷的。""可不是我……"

【案例分析】

儿童心理学研究分析，孩子偷拿别人的东西有两种心理因素引起：一是孩子有一种强烈的占有欲望，他对自己感兴趣的东西，充满好奇心，而且很想马上获得。在这种私有欲的引领下，他便悄悄将别人的东西占为己有。另一原因是孩子有一种异乎成人的冒险心理，他们心想，我拿了别人的东西，只有自己知道，别人却不知道，这是多刺激和神秘呀。可见，孩子刚开始偷拿别人的东西，主要是在外界诱因的驱使下，通过自身的心理活动而形成的。上小学后，孩子已有是非观念，可以明辨对错，不会随手拿别人的东西，但家长更要警惕，这个年龄段的孩子仍有可能仅仅出于"爱好"而霸占别人的东西，也有可能受嫉妒心理驱使拿别人的东西。譬如说，写字漂亮的同学经常得到老师赞扬，有孩子可能认为同学的铅笔有助自己写好字，从而将"具有神奇力量"的铅笔占为己有。

若孩子经常"拿"东西，家长则要格外当心。家长要经常检查孩子的书包，即使多一件小物品，也要问清来路。如果孩子说是朋友送的，即使怀疑孩子说谎，也不要当场表露，但私底下要跟小朋友家长核查，不要轻易定性孩子偷盗。家长绝对不能对孩子拿别人东西视而不见，以防患未然。

孩子在成长的过程中，难免会犯这样或那样的错。当孩子拿了别人的东西时，家长不能毫不介意，这样孩子会认为你默许了他的做法，慢慢形成恶习；要及时向孩子了解原因，是在哪儿拿的，拿谁的；让孩子知道随便拿别人的东西会给别人带来不方便和烦恼，是一种不好的行为；要求孩子及时归还别人的东西，并向对方道歉；对孩子的行为提出明确要求，及时提醒，严格监督，使孩子养成不随便拿别人东西的好习惯。

对已经发生甚至多次发生偷拿行为的孩子，家长也一定不要着急上火，去打骂孩子，甚至由此就给孩子下一个已成"小偷"的定义。家长一定要先稳住自己，以温和的语气，询问孩子最近是不是需要钱，或是不是遇上自己喜欢的东西了想要买。了解孩子偷拿行为的原因并进行分析。告诉孩子，只要是合理的要求，家长是会满足他的。但一定要说出来，让父母知道他的需要，父母可以和他讨论一下这项支出，但一定不要去拿别人的，更不能自己偷偷地拿钱去买。告诉孩子偷拿钱的行为的危害。在这里家长一定不要打骂孩子，要认真倾听孩子的诉说，相信孩子的话，并相信孩子肯定会改过来的。如不分青红皂白打骂孩子，就会导致孩子产生惧怕心理，就是拿了钱也不敢实话实说的。

如果家长不给予正确的引导，孩子就会逐渐演变成偷窃行为。因此，老师、家长在发现孩子有顺手牵羊的行为时，一定要引起足够的重视，帮助孩子塑造良好的品德和行为习惯。

【解决策略】

正在我琢磨怎样处理这件事情时，休息时间到了。同学们陆续回到教室。几名知情的学生互相转告："丢钱了、丢钱了、高韵嘉发财树的钱不见了。"我就利用这一时刻，静观每个孩子的神色。有的惊讶，也走过来看看；有的事不关己，听完就回自己座位；有的表情不自然，眼神慌张，还不住看我的脸。好了，通过观察，此案已经基本告破。我心里暗想：孩子毕竟是孩子。为了不耽误孩子们的活动时间，我简单做了小结：这个拿走硬币的人我已经知道是谁了，这棵发财树上已经清晰地留下了他的指纹。为了不扫大家的兴致，我们继续活动，冬令营后再做处理。放学后，小凯一直不肯走。我主动和他说，老师知道你有话和我说。他低下头，从裤子口袋里掏出几枚硬币，说："老师你千万别告诉我妈妈，也别告诉同学。"

为了让小凯认识到自己的行为是不对的，我用爱心去感化他，平时常与他进行心与心的交流，取得了他的信任。我给他讲解养成偷东西这种习惯的坏处，让他深刻地认识到这是一种违纪、违法行为，如果不及时改正，将来就有可能走上犯罪的道路。给他讲中国古代名人宁死不吃嗟来之食的高风亮节的故事。在我的耐心教育下，小凯逐步认识到这种行为的危害性，表示今后一定好好学习，做一个合格的小学生。另一方面，我让同学们不再攀比花零钱买零食，要比学习成绩、比谁为班集体做的贡献大。同时，我还常与小凯的家长联系，取得了家长的配合与支持。让他从各方面得到关爱，从而为改掉恶习创造条件。

【解决效果】

通过这次事件，小凯的行为明显转变。他不再偷拿别人的东西，与学生的关系也明显改善。他期末自我评价写道："我的老师对我特别好，但又特别严厉，让我时时刻刻提醒自己做一个正直的人，诚实的人，让我健康而快乐地成长。"

【总结与反思】

无论孩子有怎样的问题，我们都应当从关心的角度出发，让关爱驱动他克制自我的能力，慢慢地纠正坏习惯。对小凯的辅导并不能就此结束，在今后的生活中，还需要不断地给予鼓励与引导，让他更好地步入人生旅程。

值得注意的是，我们尽量避免用"偷"这个字眼，因为对于天真纯洁的孩子们来说这是非常不好的污点，他们会真的以为自己是一个小偷了，给自己的心理造成一定的负面影响，今后总感觉自己抬不起头来。可他们的本意并不是真的要去偷什么，而是一种闲时的游戏或者无聊时的恶作剧。我们只要让他知道这种行为是错误的，对别人是一种伤害，使其既认识到自身的毛病，也能体会他人的苦衷，这样一种自我批评与教育和对他人的一种疼顾之心都会扎根在孩子幼小的心灵里。

孩子经常会犯一些这样或那样的小错误，我们不要因为这些小毛病就给孩子盖上"不听话"、"淘气"、"惹事包"的标签。这对孩子是不公平的，因为他们是在不断摸索和尝试中成长和进步的。作为老师要尽量让孩子做真实的自己，给他们一种发展个性空间的权利和自由，只要在不伤害自己和他人的情况下，孩子淘气些更显得机灵，也是在锻炼自己的内功。不要以为孩子玩得很出色就是一种错误，这也是一种能力的体现。

"没有教不好的孩子，只有不会教的老师。"为了能幸福而快乐地伴随孩子一起成长，作为老师就要与时俱进不断学习和提高自己，跟随孩子的脚步共同学习如何做好新一代的教师。

纵观整个学校班级，偷窃事件总是难免的，小至铅笔、钢笔，大至学习机、文曲星。当然，这里的"偷窃"与法律意义上的偷窃有所不同，有专家研究表明，三年级以下的孩子自我意识还不够明确，他们的"偷窃"只能算是一种不诚实的占有行为。然而，不管是何种意义上的"偷窃"，都是不良品质的表现。卢梭说过："人生当中最危险的一段时间是从出生到十二岁，在这段时间中还不采取摧毁那种错误和恶习的手段的话，它们就会发芽滋长，乃至以后采取手段去改的时候，它们已经是扎下了深根，以致永远也把它们拔不掉了。"因此，我们必须认真地对待小学生的"偷窃"行为，及时地进行矫正，既要保护受害人的权益，追回损失，又要正确引导教育偷窃者，使其改邪归正，悬崖勒马。然而要想做好这项工作并不容易，因为我们面对的是活生生的孩子，他们有个性，有情感，有思想，光靠严厉的批评、责骂、惩罚是不够的，必须走进孩子的心灵，只有了解了他们"偷窃"的真正原因才能有的放矢地进行教育。在处理这些事件时不妨学点警察的办案技巧，用敏锐的眼光，去发现蛛丝马迹，用科学合理的逻辑思维找到"破案"的突破口，这样会使复杂的案件迎刃而解。

重获爱的能力，燃起希望的火苗

关　颖

【导语】

作为一个教师，都应"以人为本"，尊重每一位学生。教育是心灵的艺术。我们教育学生，首先要与学生之间建立一座心灵相通的爱心桥梁。这样老师才会产生热爱之情。如果我们承认教育的对象是活生生的人，那么教育的过程便不仅仅是一种技巧的施展，而是充满了人情味的心灵交融。心理学家认为"爱是教育好学生的前提"。对于特殊的后进生我放下架子亲近他，敞开心扉，以关爱之心来触动他的心弦。动之于情，晓之于理，用师爱去温暖他，用情去感化他，用理去说服他，从而促使他主动地认识并改正错误。

【案例现场】

朱忠校同学今年8岁，从小失去母爱，父亲又忙于自己的小生意，没有对他进行管教。小时候由奶奶带大，大了，老人力不从心就任他自己自由发

小学班主任成功案例集萃

展，使他养成了自由散漫、偏激、倔强的性格，办事不爱动脑，我行我素，不计后果，出了问题又缺乏责任感，表现出逆反心理。经常和班级同学因为小事闹矛盾，同学都不太喜欢他。学习缺乏自觉性，老师布置的作业完成了事，多一点也不想做，没有毅力克服学习上的困难，基础打得不牢，使学习成绩处于下游。做了错事，不接受批评，不让人家说，表现出较强的虚荣心和反抗心理。

【案例分析】

针对朱忠晓同学的个性心理特点，经调查了解，我认为他的个性问题主要来源于家庭环境的影响和学校教育的影响两个方面：

1. 鉴于他从小几乎没人管教，缺乏一种必要的约束力，凡事随心所欲，家人没有能力管教他，过于放纵，使他生活在很松弛的生活状态中，这样容易做错事，造成不可估量的后果。

2. 在班级里，由于学习成绩不好，又缺乏认真、刻苦的学习精神，对较难的问题不愿意动脑筋，又不肯问别人，不懂装懂，长期发展下去，知识掌握不牢，从而产生了自卑心理。认为反正我已经不行了，甘拜下风，自暴自弃，致使成绩下降，凡事总觉得自己对，对自己认识不清，出现情绪不稳定现象。

【解决策略】

1. 根据他的实际情况，我认为他的本质是好的，因为我相信每个人的本质是善良的。如果与家长配合共同对他进行耐心细致的教育和帮助，他是会有改变的。

2. 他经常犯错误，出问题的方面，我则耐心指导，认真帮助他分析错误原因，让他自己找出错误所在。同时，没有放松对他的教育，用爱心去关怀爱护他，用爱心去严格要求他，使他真正理解教师对他的关爱，有利于形成良好的行为规范。

3. 针对他的惰性，我调动起班级同学对他进行帮助。同学的帮助对一个后进生来说，是必不可少的，同学的力量有时胜过老师的力量。同学之间一旦建立起友谊的桥梁，他们之间就会无话不说。在学生群体中，绝大部分学生不喜欢老师过于直率，尤其是批评他们的时候太严肃而接受不了。因此，我让朱忠校同学和曲妍林同学一起坐，让他感受同学对他的信任，感受到同学是自己的益友。让他感受到同学给自己带来的快乐，让他在快乐中学习、生活，在学习、生活中感受到无穷的快乐！通过同学的教育、感染，促进了同学间的情感交流，在转化后进生工作中就能达到事半功倍的效果。

【解决效果】

经过近一年的了解及教育，朱忠校有了一定的进步，学习成绩有了一定起色，学习态度有大的改善，但正如人的性格不是一朝一夕就能改变的一样，它具有稳定的特点，要彻底改变是要经过长时间的努力。现在，忠校对教师尊重，学习目标明确，能坚持上满上好各门课程，成绩逐步提高。他对生活也满怀信心，情绪较稳定，冲动事件逐渐减少，对劳动有了初步认识，值日主动、热心肯干，犯了错误能认识到错误在哪儿。任性、固执得以缓解，办事能有目的性，逆反心理在减弱，但他现在仍缺乏刻苦学习的精神，对较难的问题易放弃，缺乏坚强的毅力，抗挫折能力较弱，对于他今后的教育仍是长期的，我希望他会成为坚强、有知识的身心健康的人才。激发他热爱生活，热爱劳动的热情，值日生工作他认真做，就给予鼓励；主动帮助教师拿教具等则给予肯定。经与家长沟通得知，他在家中能帮助父亲干力所能及的家务，我则耐心帮助他建立起热爱生活的信心。

【总结与反思】

"一把钥匙开一把锁。"每一个后进生的实际情况是不同的，必然要求班主任深入了解弄清学生的行为、习惯、爱好及其后进的原因，从而确定行之有效的对策，因材施教，正确引导。朱忠校的情况比较特殊，主要是自制力差，对自己的错误、缺点认识不足，对老师的批评教育产生厌恶、憎恨心理。因此，我就以爱心为媒，搭建师生心灵相通的桥梁。与他谈心，与他交朋友，使其认识错误，树立做个好学生的念头；充分发挥学生的力量，编排一个责任心强、学习成绩好、乐于助人的同学跟他坐，给予其学习和思想上的帮助；通过平时面对面的辅导，让他感到老师的关心、重视……用关爱唤起他的自信心、进取心，使之改正缺点，然后引导并激励他努力学习，从而成为品学兼优的学生。

通过一年的潜心努力，精心转化，终于取得了可喜可贺的成绩，我也将继续为我的教育事业默默奉献我的青春与热血。

偷东西的数学课代表

关 颖

【导语】

如今，班主任面对的学生不再是一个等着灌水的空瓶子，而是一扇扇等待敲启的大门。每一个学生的内心都是一个丰富的未知世界，这个世界充满着求知的渴望、自我实现的设想、社会交往的需求、五花八门的矛盾、突如其来的异想天开……学生的内心世界是一个等待开垦的世界，是一个充满能量的世界，是一个充满矛盾的世界。随着历史的进步，我们的国门打开了，心门却逐渐关闭了，人们的内心有了存放隐私的角落，学生的内心更是这样。班主任教师再不能指望像以往那样强迫他们进入我们设定的世界。反之，能不能进入学生的内心世界是当今决定教育成败的关键一步。

【案例现场】

有这样一个小男孩，聪明伶俐、活泼可爱，但他母亲没时间管他，他年迈的爷爷奶奶宠着他，在学习上根本帮不了他什么。他自己由于年龄还太小，自制能力不强，所以虽有几分小聪明，但在学习上根本跟不上别人。上课应该怎么听也不知道，更别提要他课外辅导其他人了，而且他本人好像上进心也不强，批评过了照样我行我素。

【案例分析】

对于这样的一个学生，怎么办呢？如果放弃，那真是太可惜了，他也的确是个可塑之材，特别是在数学上，他拥有着别人所无法比拟的灵性和悟性。造成今天这样的结果多数由于缺少必要的家庭教育，很多问题不是由于他的本性坏，而是很多道理他不懂。

【解决策略】

我先给他来一个动员会兼思想教育，单独找到他，单刀直入地问他，是否想当数学课代表，他疑惑地看看我，说，可以吗？我肯定地回答，当然可以啦，只要你肯用心，老师和小朋友们都相信你的！他开心地答应了。于是，我在上数学课的时候隆重地把他们的数学课代表介绍给他们，并简单地介绍了他的作用。课后，我还专门给他上了一堂培训课，他听得还是挺认真的。于是，数学课代表也就这么走马上任了。

为了树立他在小朋友中的威信，我在上课的时候也特别关照他，一看到他的表现比别人好就马上表扬他、奖励他；看到他举手发言，我总是尽量照顾他；有什么不对的地方也总是单独提醒他……渐渐地，他举手的次数越来越多了，准确率也越来越高了，更难能可贵的是他的家庭作业也越来越工整，得"优"的次数也越来越频繁了。看到他越来越好的表现，我真高兴，好几次也当着全班同学的面表扬了他。但，我似乎高兴得太早了。

那是一天中午，我正在教室让学生订正作业，我让几个班干部管理已经回教室的学生（我们大部分学生都是在学校用餐的），这时，有一个学生跑过来说，课代表偷了他的贴纸。于是，我把两个人都叫到身边，仔细地询问起来，一开始，他还不承认，说他是捡来的，而且已经把贴纸送给了另外一位小女孩了。而那位小男生说他的贴纸是放在课桌里的，而且去吃饭前还看到过的。于是，我又询问全班的小朋友有没有看到过课代表翻过他的课桌。一开始还没什么动静，在我再三地询问中，终于有一位小女孩战战兢兢地站起来说，她和课代表一起吃完饭到教室来，教室里没人，他就走到那个小朋友课桌前，拿出了那些贴纸，让我看，又说，我们一人拿一张，谁也不要告诉老师，好不？于是，我就拿了一张，他还说如果告诉老师，他就打我！喏，就是这张，我本来就不要的，是他要我拿的。小女孩边哭边说。

我一听，顿时火冒三丈，严厉地询问他是不是真的？他一看没办法了，只能点点头。当时，我真想把他拉出去，狠狠地批评一通，居然那么辜负我对他的信任，做出这样的事，而且还强拉同学下水，威胁同学！可转念一想，孩子毕竟还是孩子，你气个半死，他可能还不知道你在生什么气？而且这也不正好暴露了我在教育上存在的漏洞吗？只重视文化知识的教育，而忽略了对他思想方面的培养。于是，当天我就把他留了下来，让他仔仔细细地想想他有什么不对的地方？孩子倒也机灵，马上就说出了自己的错误，我就顺势利导，那你应该怎么做？我们一起讨论了遇到这样的情况应该怎么做，我还给他讲了列宁小时候的故事，鼓励他向列宁学习。他也似懂非懂地点了点头。但从那时开始，他就再也没碰过别人一丁点的东西。

【解决效果】

有人说：好孩子是表扬出来的。我觉得的确是的，他就是一个鲜明的例子，虽然有时候还要反复，还要调皮，还要你操心，但他确实是在进步了，而且进步得不慢了，我觉得那就足够了。

【总结与反思】

常言道："一把钥匙开一把锁。"每位学生的实际情况是不同的，必然要求班主任深入了解弄清学生的行为、习惯、爱好及其落后的原因，从而确定行之有效的对策，因材施教，因人而异，正确引导。因此，我就以爱心为媒，搭建师生心灵相通的桥梁。建立充分的信任，允许孩子的错误，使其树立做个好学生的念头；充分发挥学生的力量，安排一个责任心强、学习成绩好、乐于助人的同学跟他坐，给予其学习和思想上的帮助；自己面批面改他的作业，让他感到老师的关心、重视，用关爱唤起他的自信心、进取心，使之改正缺点，然后引导并激励他努力学习，从而成为一个好学生。

所以作为教师，特别是小学的班主任教师，我们一定要用信任的眼光去看每一个孩子，帮他们找到自己的位置，让他们找到自信心，这样他们才能健康、快乐地成长！

用爱温暖心灵

于丽宏

【导语】

教育家苏霍姆林斯基曾经作过一个十分精彩的比喻：要像对待荷叶上的露珠一样，小心翼翼地保护学生幼小的心灵。晶莹透亮的露珠是美丽可爱的，却又是十分脆弱的，一不小心露珠滚落，就会破碎，不复存在。学生的心灵，学生的人格尊严，就如同露珠，需要教师和家长备加呵护。特别是对于那些心灵受过创伤的学生，教师的爱就像一缕缕阳光，能照亮、温暖他们的心灵。

【案例现场】

小昊同学是一名聪明可爱，性格又略显内向的孩子，爸爸在外地工作，他一直由妈妈、姥姥照看着。在妈妈的严格要求和精心地辅导下，学习成绩在班级名列前茅，还得过学校评选的学习精英奖。可是，二年级的暑假，小昊的妈妈因中耳炎高烧不退，竟意外地去世了。沉重的打击让小昊的姥姥难以承受，本来不好的身体更加一病不起了。失去妈妈的小昊只好由在乡下的爷爷、奶奶来照看。

暑假开学后，已是三年级学生的小昊，因家庭的变故性格变得更加内向了，学习成绩也急剧下滑。在爷爷、奶奶的宠爱下，更是迷上了上网打游戏，作业常常不完成，有时还会在作业本上出现小昊爷爷的字迹。由于小昊的爸爸长期在外地工作，我只好与小昊的爷爷、奶奶联系，把两位老人请到学校，与他们商谈小昊的学习情况。两位老人说：孙子从小不是由他们照看长大的，和他们的感情不亲，他们也不能对孩子太严，又考虑孩子刚刚失去母爱，心里还是失落期，所以就事事顺着他，有时一上网就是三四个小时，作业不爱写，爷爷就帮着写。听着两位老人的诉说，我也感受到了他们的无奈，同时我也陷入了深思当中：家庭的变故，母爱的缺失，这个九岁的男孩所承受的内心的痛苦可想而知，他也是在用调皮的玩耍，网游的快乐，来冲淡心中的悲苦吧！这个时候，作为班主任教师的我，该怎样做才能帮助两位老人转变教育观念，帮助小昊度过这段失去亲人的悲苦的日子，重新调整好心态，投入到学习中来呢。我知道，对于这个时期的小昊，严厉会让他的心灵雪上加霜，说教对他也是无济于事的。失去爱的心灵，最需要的就是爱的滋润。

【解决策略】

我先和小昊的爷爷、奶奶谈了小昊以前在班级的学习表现，告诉他们，小昊是一名非常优秀的学生，不能因为这场变故让孩子养成不好的习惯，这将影响孩子以后的成长。与两位老人达成了教育小昊的共识，在小昊还不能完全接受他们教育之前，生活由他们照顾，学习由我来管理。

我常利用课余时间与小昊聊天，在聊天中，我深深地感到了一场不幸的变故，对孩子的内心产生了深刻的影响。孩子对妈妈的思念，对姥姥的想念和与爷爷、奶奶生活的不适应，让他无法安心听讲课，无法用心写作业。为了让小昊早日摆脱心里的阴影，我与小昊一起制订了学习计划，为了防止他天天上网，我发动全班学生，把自己最喜欢的课外书拿到学校来，与小昊交流，借给小昊，让他回家写完作业后看。语文几乎天天有读课文签字的作业，那一段日子里，我每天早上走进班级的第一件事就是听他读三遍课文，然后在他的语文书上签上："课文已读三遍，流利有感情。家长，×年×月×日。大课间时，我也常常拉着他的手，和他一起下楼做游戏，一起下楼做间操。我以一颗母爱的心，耐心地、温柔地对待着小昊每一个缺点和每一点进步。在这个刚失去妈妈的孩子身上，我没有过多的指责，有的是包容，是引导。一个学期过去了，小昊的脸上有了笑容。又一个学期过去了，小昊又变得和从前一样品学兼优了。

今年的母亲节，学校让孩子们为自己的母亲送上自己的爱心。就这那一天，我收到了小昊写给我的贺卡，他在贺卡上写道：老师，您就像我的妈妈一样关心爱护着我，在这个妈妈的节日里，我祝您节日快乐！这是我从师二十多年来收到的一封最令人感动的贺卡了。孩子远在外地的爸爸也常和我在网上交流，他感激地说："老师，是你的爱心让孩子又找回了从前的快乐和自信！"

【解决效果】

现在，每当看到小昊优秀的学习成绩，看到小昊快乐的笑脸，我都会从内心深处更加崇敬我的职业。爱学生是教师的天职。爱的内涵是丰富的，母爱不求报答，但儿女终究要赡养父母；友爱不求索取，但朋友贵在互相帮助；唯师爱如一泓清澈见底的泉水，透明亮丽、洁白无瑕、博大深远。捧着一颗心来，不带半根草去，自从步入七尺讲台，我始终以饱满的师爱去关心每一个学生，我坚信只有心的沟通、心的撞击，才会迸发出巨大的力量，学生是含苞待放的花朵，我们要用自己匠心独到的方法去使他们绽放。

【总结与反思】

教师要相信自己的教育，相信自己的学生。以尊重、理解、信任的强大精神力量，去感化学生、引导学生、影响学生，给学生以自我反省、自我修正、自我选择的能力和自我进步的时间、空间与主动性。就像陶行知所认为的，教师爱儿童"要同园丁一样，首先要认识他们，发现他们的特点，而予以适宜之肥料、水分、太阳光，并须除害虫，这样，他们才能欣欣向荣，否则不能免于枯萎。"

辛勤耕耘结硕果，爱心奉献获真情。教师真挚、深厚的情感可以发出强大的爱流，有利于传导。教师把心里的情感用语言、行为表达出来，师生间通过精神的交流，达到思想感情上的联系和信赖，教师真挚的情感在学生的情绪上就会产生共鸣。

我会全身心的地爱孩子，用爱撑起一片蓝天，驱逐孩子心头的阴霾，让每张笑脸在阳光下灿烂。——这是我多年的心愿，为了这个心愿我会一直努力。

一本漫画书的风波

于丽宏

【导语】

对学生多一份耐心，多一份信任，多一份期待，就会出现不一样的教育效果。在面对具体事情的时候，教师往往过于急躁，处理问题过于简单。如果教师在处理学生问题时，能多一些细心，多一些观察，多一些等待，保护孩子幼小而敏感的心灵，我们的教育将会具有更非凡的意义。

【案例现场】

马上就要小升初考试了，我正忙着在办公室批改卷子，周林同学手拿一本漫画书走了进来，气冲冲地说："于老师，张航偷了我的漫画书，这是我从他书包里翻出来的。""是不是他干的？"我也有些吃惊。"您看，他把我的名字也给涂改了。"

在学习这么紧张的时候，还能因为漫画书生事！

说起张航，班里同学都知道他，以前就有爱拿别人东西的坏习惯，曾有一次，他背着家人拿了几十元钱，到小卖部买零食请同学吃，所以平时大家不见了东西都怀疑是他干的。但是自从这学期班里开展了"文明学生评比"活动以后，一直没有听到同学反映他偷东西的现象。"今天怎么了？"我觉得纳闷，琢磨一番之后，我还是决定先调查调查再说。于是安慰周林先回班级了。

【解决策略】

班级再次发生"失窃"事件，而且事实证据俱在，看来张航确是这件事的实施者了。但我还是觉得不应把她定位成"小偷"而大加责罚。孩子的本性是善良的，因为他们还是成长中的人，其道德评价和道德意志力还处在较低水平，出现这些问题，并不等同于成人的犯罪行为。从张航的事件来看，他前一阶段"偷东西"的坏习惯已经得以纠正，现在又发生了，这是一种反复，应当让他在这些反复中更快地成长起来。另一方面，凭着对张航的了解，我觉得这事也许另有原因。孩子心里往往有这样那样的顾虑，不肯对他人讲心里话。

1. 侧面了解，调查真相

两天过去了，我一直在观察着张航，只见他默默无语，心事重重，有意在躲着老师的目光。我并没有马上找他，而是先把经常和张航在一起的赵亮找来了解情况，赵亮说："那天中午，我俩在教室看书，当时，我们没什么书看，就在周林的桌上拿了一本漫画书，看了一半，张航就到操场上和同学们打篮球，我接着看，看完后，没注意就把漫画书随手装进了张航的书包里。"事情果然有意外，可是，不是张航偷的漫画书，那漫画书上的名字又是谁涂改的呢？

2. 直接交流，爱心感化

当天下午，我找来张航谈话。他一走到我面前，就低着头不知所措。

"不用紧张，我不是在责怪你。"我笑着说。"我只是想听一听你的心里话。谁能没有缺点呢？有了缺点、错误只要敢说真话，就能得到别人的谅解，自己也感到轻松了，对吗？"只见他低头不语，我接着说："那本漫画书本来就不是你偷的，可同学们误认为是你偷的，老师要还你一个清白呀！"这时，他睁大眼睛看着我，"于老师，你怎么知道？""对，我只是有一个问题不明白，不是你偷的，为什么把名字给涂改了呢？""胡老师，对不起……"这时，他才对我讲述了事情的真相。原来，在周林找漫画书找不到时，又怀疑到了他身上，当时他理直气壮地说："谁拿谁是狗。"回到家，才发现，自己书包里原来真有这本漫画书，想还吧，又怕同学的讥笑，因此，干脆把漫画书的名字给涂改了。

【解决效果】

事情已经清楚了，还是公布于众好，免得同学们在底下叽叽咕咕，给犯过错误的学生造成更大的心理压力。于是，在星期五的班会课上，我把事情的原原本本向同学们讲了一遍，然后，张航郑重地将漫画书还给了周林，这时，大家紧张的情绪放松了，气氛和谐了，而张航对于改掉自己错误的行为也更有信心了。

【总结与反思】

1. 班主任在处理突发事件的过程中，头脑一定要冷静，要注重调查研究，耐心细致地做好学生的思想工作，使后进生敢于说真话，吐真情，这样才能圆满解决问题。

2. 注重调查研究，到同学中去，倾听同学们的声音这是做好班主任工作的灵魂，我们每位班主任如果鲁莽地批评出事的学生，恨铁不成钢，势必造成对学生心理的伤害，不耐心做学生的心理疏导工作，引发的后果是可以想象的。

让我们在工作中多一份耐心，少一点指责；多一点调查，少一点武断。走近学生，真正成为学生的贴心人。

他是一块美玉

赵 明

【导语】

遭遇问题学生，不妨多一点大智若愚，多一点海量的宽容。

问题学生实在使人头疼，冰冻三尺，非一日之寒。他们身上的问题由来已久，根深蒂固，很难转化和教育。面对这些"难啃的骨头"，不少班主任也束手无策，叫苦不迭。

【案例现场】

他——小宇，是二实验小学参加中央电视台"挑战小勇士"活动的四个选手之一。优美的灌篮动作，虎生生的参与劲头，让主持人月亮、曹振和导演喜欢得不得了。现在请大家猜一下，平时在学校他是一个什么样的学生？

一年级刚来到学校时，上课不会坐着，不知道课堂的所有纪律与礼节，教不会，也听不懂。想下地就下地，想打谁就打谁。班主任别批评，一批评就满地打滚，一哭就能哭一节课，谁也别想上课，班主任拿他没有办法，恨不得走到哪，领到哪。打人，不写字这就是他。班主任每天叫苦不迭，被他弄得哭笑不得，轻易不敢批评。

【案例分析】

这孩子就是溺爱的产物，家里几代单传，条件好。在家排行老二，老大是女孩比他大十二岁，四代人就这么一个男孩。在家里要星星没人敢给月亮。

【解决策略】

后来班主任坐下来与我共同商议，我们进行的第一步是与家长联系，取得家长的信任。沟通后家长放心地把孩子交给了我们。

第二步我跟班主任分好角色：一个唱黑脸，一个唱红脸，我当然是黑脸的。有一次他又开始胡闹，我顺势将他从班级里连拖带拽弄到我的办公室，一把把他丢到办公室，不再理他。他哭一会停一会，一会主动要求谈话，一会又要坐下，总之我没有给他一点机会。两节课后班主任前来求情，在班主任的再三请求下，我终于给了他机会，他这才跟着班主任，怯生生地走了。从此后，只要他一要，班主任就会找我，他也就怕了。

第三步给他找伙伴，找一些纪律好、成绩好、习惯好的孩子做他的伙伴，与他搭成小组，换句话说就是找同学监督他，帮助他。在我们大家的努力下，他总算进步了。

第四步给予机会。说句实话去中央电视台参加挑战小勇士这个活动，有多么耀眼，大家都知道。二实验小学符合这个条件的学生，也绝不止他一人，同年级的几百名学生，为什么一定选他？首先因为班主任的责任心打动了领导，其次我们学校就是要把机会留给这样的一个孩子，希望能够在这样的一个活动中促进他的成长。

到达天津后，队员一行四人，第一天训练时，有一项高空梅花桩，学生们要在离地面几米高的梅花桩上奔跑，当时小高就非常胆怯，看着孩子那紧张的面孔，作为当时的带队教练，我很难做出决定。我们代表吉林省，让他上不知道他什么时候给你要驴，不知道他会不会出现训练时的惧怕；不让他上，这么好的机会错过了，我会后悔。让他上，成绩不好，我怎么向领导交代；不让他上，孩子失去信心，我怎么向家长和班主任交代？

我当时的酸甜苦辣不知道向谁诉说，一夜的辗转反侧后，我决定让小高上。这个冒险，这种不安，让我在以后的几天中渐渐消除。小高在场上场下绝对是两个人，比赛哨声一响，他就会全力以赴，绝不会溜号，每次的出色表现，都会让场上的人赞叹不已。也许他生来就适应这种竞技性的比赛，也许这孩子骨子里就有这种责任感。不管怎样，我们获得了全国第二名的好成绩，这其中小高的确是立下了汗马功劳。

【解决效果】

回来后已经成为名人的他，无论是学习，还是纪律都有了大幅度的进步，运动会上他也总是最威风的一个。

在他的身上我想起了苏霍姆林斯基的一句话：教育者的人道使命就在于，要使最落后的孩子也能感受到进步的欢乐，只有在这种条件下，他才是您的教育对象。

【总结与反思】

1.对于自律意识薄弱的孩子，耐心等待孩子进步的过程。

2.在他达到"自律"之前，有效的"师律"、"友律"是必要的。

3.巧妙地用好赏识教育，用"欣赏+鼓励+建议"的方法帮助学生和家长看到他自身发展的希望，再切实可行地改进措施。

4.真诚关心和关注学生，让他在活动中寻找自我，让他在自信里寻找快乐。

要是没有参与中央电视台挑战小勇士这项活动，要是没有我们这些为师者的努力，这个孩子也许在小学这六年里体会不到进步或成功的欢乐，虽然如今他的学习成绩依然有待提高，但是他的进步，他的自信我们都能看得见，尽管他还有瑕疵，不过我们都愿意相信他还是一块美玉。